À tous ceux qui ont participé à mes ateliers philo,

À mes amis, mes proches, en particulier à Marie-Françoise sans qui ce livre n'aurait pu être,

Au talentueux Arthur Chambon qui a pensé et réalisé l'illustration et la typographie de la couverture,

Toute ma gratitude à Mnémé, Mélété et Aédé pour m'avoir si délicieusement permis de sublimer en philosophie les moments vides de la Covid.

Si vous souhaitez échanger :
ma page Facebook « Philosophieclement »

AF132125

ET SI LA PHILOSOPHIE…

Découvrir et comprendre
en 89 textes

Clément CHEYLAN

Loi n°49-956 du 16 juillet 1949 sur les publications destinées à la jeunesse, modifiée par la loi n°2011-525 du 17 mai 2011.

© 2022, Clément Cheylan

Édition : BoD – Books on Demand,

12/14 rond-point des Champs-Élysées, 75008 Paris

Impression : BoD - Books on Demand, Norderstedt,

Allemagne

ISBN : 9782322412891

Dépôt Légal : Janvier 2022

ET SI LA PHILOSOPHIE ...

Avant-propos

Bonjour, je suis heureux que vous ayez ouvert mes pages !
Comment cela, un livre ça ne parle pas ! Alors quelle est cette voix qui résonne en ce moment dans votre tête si ce n'est moi ?
J'ai pour mission de combler votre curiosité et de donner réponses à vos questions. La plupart des philosophes écrivent pour comprendre ce qu'ils pensent. Mon auteur n'échappe pas à cette règle, je l'ai donc aidé dans son cheminement et je suis prêt à en faire autant pour vous. En tous cas, j'en serais heureux.
Je vais me décrire un peu puis je vous dirais comment mon auteur m'a écrit et pourquoi.

Je suis un livre de philosophie, ludique et très simple d'utilisation, mon auteur n'aime pas la complication. Je suis constitué d'un avant-propos que vous me faites en ce moment même le grand plaisir de parcourir, suivi de 89 textes. Ils sont brefs et sensiblement de la même longueur. Chacun d'eux pourrait faire l'objet d'un livre. Le défi que je me suis fixé a été de répondre aux questions que suggèrent la présentation et le titre du texte, avec un minimum de mots pour que vous soit préservée la fraîcheur de la découverte.
Ces 89 textes sont un matériau de réflexion, ils ont trois fonctions, la première est de vous proposer un sujet qui parle à tous, la deuxième est de vous donner des éléments de réponses et la troisième est d'ouvrir en filigrane différents chemins si votre désir est d'aller plus loin en cavalier seul.
Je me termine par deux tables des matières, une pour les textes, une pour les mots-clés.
Il n'est pas vraiment nécessaire de me lire dans l'ordre que je vous propose, je peux à votre gré vous offrir le texte que vous aurez sélectionné car je suis aussi ouvert à une lecture intuitive.

En-dehors de l'écriture mon auteur pratique le cours interactif, que l'on peut définir comme un cours où les participants peuvent intervenir , ce qui entraîne parfois mon philosophe en dehors de son espace de sécurité, de sa zone de confort.

Mon auteur s'est aperçu au fil du temps de la récurrence des interrogations de son auditoire. Il décida donc de les répertorier et de me donner vie.

Eh oui, je suis bien vivant et je compte vous accompagner longtemps comme ouvrage de référence. En fait, je pense qu'un auteur écrit souvent le livre qu'il aurait aimé trouver.

Ce que le mien m'a dit tout en m'écrivant, c'est qu'il aurait aimé m'avoir lorsqu'il a abordé la philosophie, puis il aurait aimé que je sois en sa possession lorsqu'il pratiquait comme participant les cafés et ateliers philo. Et quand il a commencé d'enseigner dans ses ateliers et ses cours interactifs, il aurait bien aimé m'avoir dans sa poche.

Je suis praticable par tout-un-chacun, quels que soient son niveau en philosophie et son âge.

Je pense vous avoir délivré ce qui a causé ma naissance. Il me reste à souhaiter d'être vous et moi les meilleurs amis du monde.

1. Et si la réalité n'était pas une ...

Présentation :

Vérité absolue, relative, objective, subjective, qu'en est-il de tout cela ?

Surtout que la vérité est liée à la connaissance. Je dis : le soleil se couche, et il se couche, mais n'est-ce pas plutôt la terre qui tourne !

Texte :

Que ma vie soit réelle, j'ai du mal à en douter, mais la réalité est-elle vraiment ce que je vis ? L'expression, « il a perdu le sens des réalités », nous indique que la réalité ne serait pas une, mais multiple. Il y aurait donc autant de réalités que d'individus ? Oui, si l'on parle de réalité subjective, c'est-à-dire personnelle.

Je me souviens, au restaurant, d'un couple attablé non loin de moi, et dont la teneur en décibels de leur conversation était telle que je ne pouvais y échapper. Ils étaient en opposition, et leur discorde portait sur la qualité du vin qu'ils avaient commandé. L'un le qualifiait d'atroce jus de planche, et l'autre de délicieux nectar. Au lieu de se crêper le chignon, ils auraient pu simplement penser que leurs goûts étaient différents et que le vin n'a que le goût que l'on veut bien lui donner.

Ils ont, à mon avis, tous les deux raison.

Chacun de nos buveurs de vin est dans une réalité qui lui est propre, personnelle. Ce que je trouve bon est bon, c'est ma vérité, certes relative, parce qu'elle m'appartient, ce qui est goûteux pour moi est incontestablement goûteux pour moi, et ce qui est désagréable pour lui est incontestablement désagréable pour lui. Force est de constater que nous sommes, chacun de nous, dans une réalité personnelle, subjective, une vérité relative.

Par contre, notre couple était d'accord pour dire qu'ils étaient en train de boire une bouteille de vin, cette fois réalité objective, vérité absolue, quantifiable, mesurable, incontestable. Il y a donc là deux réalités ; l'une subjective et relative lorsqu'ils s'empoignent sur la qualité du vin, et l'autre réalité, cette fois objective, absolue, incontestable, lorsqu'ils s'accordent à dire qu'ils boivent du vin. Je m'amusais de leur différent en ne doutant pas qu'ils finiraient bien par trouver un terrain d'entente.

Mais laissons nos deux convives.

Il me semble que si nous prenions un peu plus en considération la réalité subjective de l'autre, il y aurait moins de mésententes engendrant des situations problématiques. On aurait tout à gagner à admettre que les choses ne sont pour nous que ce que nous pensons qu'elles sont pour nous, que nous avons raison, mais que pour autant l'autre n'a pas tort, puisqu'il est dans une réalité, une vérité qui lui appartiennent.

En fait, les conflits ne devraient pas pouvoir exister, et je propose le paradoxe suivant : on ne peut contester que ce qui est objectif, or, par définition, ce qui est objectif est incontestable.

Je dirais pour terminer la chose suivante.

Tâchons de ne pas prendre ce qui n'est pas pour ce qui est, et tant que cela ne bouleverse pas le monde, laissons dire.

En vérité que m'importe que tu trouves ce vin mauvais, si moi je m'en régale.

Voilà.

2. Et si l'espoir était de mauvais augure ...

Présentation :

Dans l'idée « la philosophie est un soin », si l'espoir vous interroge et si les princesses fans de pique-nique vous intéressent, le texte ci-après est pour vous.

Texte :

Il était une fois, mais pas plus, une jolie princesse, châtelaine, demeurant auprès de son papa Roi et de sa maman Reine. Elle est très jolie comme susdit. Son plaisir ? : les pique-nique, et puis s'admirer dans son miroir.

Lorsque l'obscurité de la nuit tombante enveloppe le château, Cléa, c'est son prénom, regarde par la fenêtre en murmurant, pourvu qu'il fasse beau demain, j'ai tellement envie de pique-niquer.

Et voilà notre jolie princesse Cléa angoissée, anxieuse, désormais dans la crainte qu'il pleuve le lendemain. Heureusement, souvent le soleil est au rendez-vous. Mais Cléa se demande s'il ne manquera rien pour le repas, encore une crainte pour notre princesse. Elle espère que tout ira pour le mieux, en attendant de voir les serviteurs préparer les festivités.

Alors, pour passer le temps, dans l'ombre épaisse d'un grand chêne, elle se détaille dans le miroir qu'elle a toujours soin de faire emporter avec elle. Elle est très jolie, et elle le sait, elle espère le rester à jamais. Elle craint qu'un jour sa beauté ne disparaisse. Il ne faudrait surtout pas que cela arrive avant d'avoir trouvé son Prince Charmant. Alors elle espère, encore et encore, pour combattre l'angoisse.

Cléa ne sait pas que l'espoir et la crainte sont l'avers et l'envers d'une même pièce. Cléa ne sait pas non plus qu'espérer pour que ce qui ne dépend pas de nous advienne n'a pas de sens. Ce qui arrive, arrive, nous ne pouvons pas nous promettre du beau temps, puisqu'il fera le temps qu'il fera. Cela ne dépend pas de Cléa, toute princesse qu'elle est, pour le beau temps son pouvoir s'arrête aux caprices du soleil et pour la beauté de son visage à la malveillante complicité des années qui passent.

Cléa espère que son Prince Charmant le sera vraiment, charmant. Elle a un peu peur qu'il ne ressemble par trop à son Roi de papa… Il sera beau ce Prince Charmant, d'ailleurs, se dit-elle, comment pourrait-on être laid si on est Prince Charmant ? Cléa n'a aucun doute mais elle doute quand même.

Sans s'en rendre compte, Cléa, d'espoir en espoir, vit dans une crainte, une angoisse, une anxiété perpétuelle. Elle voudrait pouvoir agir sur ce qui ne dépend pas d'elle. Ceci est rêve de princesse, naïveté de petite fille, méconnaissance du réel.

En voulant que les événements soient à l'image de ses désirs, au lieu de les accepter comme ils sont, Cléa se fait l'instrument de son malheur.

Si l'on devait tirer leçon de cette histoire, l'on pourrait dire qu'il ne sert à rien d'espérer ce qui ne dépend pas de nous, et que pour le reste, c'est-à-dire ce qui dépend de nous, il suffit d'agir.

Soyons sans crainte, sans espoir, et surtout, lorsqu'il le faut, relevons nos manches de chemise.

Voilà.

3. Et si l'inconscient freudien n'existait pas...

Présentation :

Comment faire pour qu'une légende ne devienne pas réalité ?
Comment dire que ce qui n'existe pas, n'existe pas ? Voici la
difficulté.

Texte :

Je vous propose par ces quelques lignes de vous parler d'une
sorte de gros parasite que l'on appelle inconscient freudien. Il est en
nous depuis qu'un certain Sigmund l'y a trouvé. Sans douter que
l'inconscient existe, je me permets toutefois de dire, au risque de
déplaire ou de déranger, que l'inconscient freudien a fait son temps.
La neurologie, en particulier par les travaux de Lionel Naccache, est
ferme sur ce point. D'autre part, et cela ne date pas de ce jour, Jean-
Paul Sartre nous disait que l'inconscient freudien n'existe pas, et
qu'il serait une modalité de la conscience.
L'inconscient est une partie de la conscience, une partie non
accessible de la conscience, c'est ce que je nomme le non-conscient.

Je vais maintenant, si vous me le permettez, prendre un exemple pour
expliquer ce qu'est l'inconscient que je nomme le non-conscient.
Vous regardez une statue, vous l'admirez tout en tournant autour.
Vous allez de degré en degré en éprouver une multitude de points de
vue. Ces points de vue sont uniques et solidaires entre eux parce
qu'issus du même objet d'observation. Chaque point de vue est une
modalité de cette statue.

Maintenant, imaginons que cette statue soit placée contre un mur, vous interdisant d'en faire le tour. Vous n'aurez donc plus la possibilité de contempler l'œuvre dans sa totalité. La partie de la statue cachée à votre regard, la partie non accessible à vos yeux, c'est cela le non-conscient.

Vous voyez, nous sommes bien loin de cette idée freudienne d'un inconscient jamais localisé, et toujours régnant en maître sur nous. Un mystérieux parasite dont seul le psychanalyste aurait les clefs pour l'empêcher de nuire, évidemment contre quelque monnaie sonnante et trébuchante. Il est facile à la psychanalyse de dire que ce qui n'existe pas, existe, c'est à dire l'inconscient freudien, et de faire croire que tous les maux viennent de là. Et après, par de savantes attitudes et de fumeux discours, prétendre que l'on nous soigne.
Il me semble que la philosophie, la psychologie, la psychiatrie, la neurologie, l'hypnothérapie ou tout simplement le bon sens, sont plus à même que la psychanalyse d'apporter une solution pour nous soulager.

Pour finir sur une note amusante, j'ai personnellement entendu Tobie Nathan lors d'une de ses conférences à Valence, et cela, entre autres, devant un parterre de psychanalystes, prononcer la phrase suivante: « L'inconscient, lorsque vous l'aurez trouvé, vous me le présenterez ! »

Voilà.

4. Et si les secrets n'étaient pas recommandables...

Présentation :

Accéder à la connaissance est pour le mieux, mais qu'en est-il si cette connaissance est un secret ?

Texte :

Je pense parfois à ces personnes détentrices de secrets, qui ne savent les garder qu'en les partageant. Méfions-nous bien d'elles. Lorsqu'elles nous approchent, fuyons ou fermons nos oreilles.

Imaginons un homme, nous l'appellerons Marc. Marc a un ami, Benoît, et un frère, Florian, et une charmante belle-sœur Claire.
Un jour Benoît dit à son ami Marc : « je voudrais partager avec toi un secret. »
Marc est un peu étonné, quel est donc ce secret qui semble si important ? Mais Marc est heureux de la confiance que lui accorde son ami.
Il attend avec impatience que le secret lui soit révélé. Il ne sera pas déçu ! Benoît, proche de l'oreille de Marc, lui susurre du bout des lèvres : « sais-tu que Claire a un amant ? »
« Non, ce n'est pas possible, s'insurge Marc. Sais-tu au moins qui c'est, peux-tu le prouver ? »
« Non, je ne sais pas, répond Benoît, mais j'ai mon idée. »
Marc n'en saura pas plus, il est désormais détenteur d'un secret dont il se serait bien passé.
Pour Benoît, la vie est belle, il a pu refiler la patate chaude. En faisant croire à de la confiance, Benoît s'est déchargé sur Marc de son fardeau. Cela faisait des mois que Benoît se demandait s'il devait dire à Florian que Claire le trompe. Maintenant la balle est dans le camp de Marc, et si Marc ne dit rien à son frère, ce n'est pas moi qui vais le faire, se dit Benoît!

Benoît considère qu'il est irréprochable, après tout, il n'a fait que dire la verité. Quoi de plus honnête, de plus moral, de plus franc !

Je mets ici en garde le lecteur, en effet, que peuvent demander de mieux les salauds qu'un paravent de vertus pour réaliser leurs coups bas, leurs néfastes entreprises, leurs mauvaises actions ! Ne dit-on pas avec quelque pertinence que l'enfer est pavé de bonnes intentions ! C'est souvent pour de soi-disant bonnes causes que l'homme produit le pire.

Marc se dit qu'il n'aurait pas dû accepter d'écouter son ami. D'ailleurs, peut-on vraiment dire que Benoît est un ami pour Marc ? Peut-on dire que celui qui prend notre parole en otage est un ami ?

Et si nous osions faire un pas de plus vers l'inavouable! Et si l'on imaginait la situation suivante : supposons que Marc soit l'amant de la femme de son frère. Il sait maintenant que Benoît est au courant que Claire a un amant, mais il ne sait pas s'il sait que c'est lui.

Je crois que Marc, en acceptant d'écouter Benoît, s'est mis dans de beaux draps, les draps de Claire en l'occurrence !
Souhaitons-lui toutefois le meilleur à venir ou avenir.

Voilà.

5. Et si être était plus qu'exister …

Présentation :

La question du « qui suis-je » a de tous temps fait couler l'encre, en voilà un peu plus, qui, je le souhaite, vous apportera quelques nécessaires éléments.

Texte :

Certains d'entre nous se demandent parfois qui ils sont, ce qu'ils sont. Il me semble raisonnable pour se demander cela de s'assurer d'être réellement. Avant de poser la question, « qui suis-je », demandez-vous si vous êtes.

Mais qu'est-ce qu'être ? Être c'est devenir autonome. C'est-à-dire avoir la possibilité, la faculté de penser par soi-même. C'est avoir le pouvoir de soi sur soi. Avoir un esprit critique, peser le pour et le contre. Détacher de l'ensemble des informations que nous recevons sa propre idée.

Être autonome, c'est ne pas se laisser pousser par le vent telle la feuille morte, c'est aussi ne pas toujours se rallier au dernier qui parle. C'est décrypter, réfléchir, élaborer.

On confond souvent autonomie avec accessibilité, possibilité, capacité. Il faut distinguer l'autonomie physique de celle de l'esprit.

Les antiques nous montrent le chemin de l'autonomie.

Les épicuriens prônent l'ataraxie, qui est de ne pas succomber aux émotions. Les quatre principales sont la joie, la colère, la tristesse et la peur. Les émotions sont toujours premières et jouent souvent le rôle d'avertisseurs. La peur nous prévient des dangers, mais y succomber c'est paniquer. Succomber transforme la tristesse en déprime, la colère en actes irréversibles, la joie en sottise. Les émotions ne sont pas mauvaises si on ne les laisse pas nous envahir.

Les stoïciens prônent l'apathie qui est l'absence de passions. Le passionné subit sa passion. Il est possédé par elle, et n'a plus le pouvoir de lui sur lui. Sa volonté est altérée et donc sa raison. Le passionné se soumet, c'est plus fort que lui, il ne peut s'empêcher, s'en défaire.

Les sceptiques prônent l'épochè qui est la suspension du jugement. Ne pas juger, c'est se donner la possibilité d'avoir une réflexion. Juger, c'est trancher souvent trop vite et trop mal. C'est l'antithèse de la philosophie.

Et Épictète prône l'acceptation de ce qui ne dépend pas de nous. Accepter, cela ne veut pas dire approuver ni se résigner. Il faut entendre accepter comme accueillir. Accueillir ce qui ne dépend pas de nous pour faire avec, pour lutter contre, ou pour en jouir.

Lorsque nous sommes dans l'ataraxie, l'apathie, l'épochè et l'acceptation du réel, à ce moment-là et seulement à ce moment-là, nous pouvons nous demander légitimement « qui suis-je ? »
Sinon rendez-vous au tas avec toutes les autres feuilles mortes !

Voilà.

6. Et si le confinement suspendait le temps…

Présentation :

Le confinement nous fait prendre conscience que notre ressenti du temps chronologique dépend de l'état d'esprit dans lequel nous sommes , et de la mobilité ou de la fixité que nous infligeons à notre corps.

Texte :

À l'heure où j'écris ces lignes nous sommes en plein confinement, j'espère qu'au moment où vous les lirez, nous n'y serons plus.
Certains, ou plutôt beaucoup d'entre nous devrais-je dire, pour diverses raisons, supportent assez mal l'obligation de rester chez soi.
Ces raisons sont bien souvent personnelles et il n'appartient à personne de juger du bien-fondé de celles-ci.
Cependant, il y en a une que j'aimerais vous proposer.
Il s'agit de l'expérience du temps chronologique en période de confinement.

Ce temps que nous vivons confinés nous semble suspendu ! Comme figé, n'offrant plus de perspective d'avenir, ni de possibilité d'élaborer un passé auquel l'on peut se référer.
En effet, le dimanche confiné que je vis n'a rien qui le différencie du samedi, du vendredi etc... passés. De même, demain et après-demain, c'est-à-dire lundi et mardi n'auront aucune chance de s'en distinguer.
Pourquoi ressentons-nous cela ? Sans doute parce que notre vie confinée n'offre aucun évènement. Tout est lisse, sans surprises, répétitif à souhait.
Or le temps chronologique génère l'évènement. La matière bouge et se transforme, les lignes causales naissent, les interactions, les interdépendances, l'impermanence, et voilà ce que nous appelons le destin.

En confinement il n'y a plus d'évènements notables, et c'est ce qui nous donne cette sensation de temps suspendu.

Il nous semble vivre la répétition d'un même moment. Cela est très mal vécu pour celui qui a pour habitude d'être en quasi permanence dans l'action, et non dans la contemplation.

Nous sommes habitués à considérer le temps en trois parties, le passé, le présent, et l'avenir. Le passé pour simplifier c'est de la mémoire. L'avenir, c'est une projection. La vie en confinement rase le passé et l'avenir, ne laissant qu'un présent immuable, indéfectible, éternel.

Je voudrais noter là, à ce stade de notre réflexion, qu'en vérité le présent est éternel. Mais une chose est de le savoir, une autre est d'être confronté à cette réalité !

Sans doute, le philosophe sait cet état de fait, et les artistes en général, et en particulier les musiciens jonglent avec cela.

Il faut bien admettre que le confinement nous force à être à chaque instant au moment présent, figé, c'est à dire sans espoir de sortie.

Nous ne sommes pas faits pour vivre sans lendemain, même si demain n'existera jamais puisque nous sommes toujours et à jamais aujourd'hui.

Voilà.

7. Et si vouloir faire l'ange était faire la bête…

Présentation :

Doit-on jeter la bête au profit de l'ange, telle est la question, mais peut-être que l'ange n'est accessible que si l'on garde pour la bête tout le respect qu'on se doit de lui accorder.

Texte :

Cette phrase ne nous est pas inconnue, n'est-ce pas, nous l'avons entendue moult fois. Nous en ressentons le sens, sans pour autant pouvoir réellement l'expliquer.
Elle provient de Blaise Pascal. Je ne rapporterai pas ici ce que dit ce philosophe, libre à vous de l'y trouver dans les Pensées. Je vous livre mon interprétation.

Cette phrase, cette affirmation, met en jeu trois figures qui sont l'animal, l'homme et l'ange.
Définissons un peu, qu'est-ce qu'un animal ? Un animal, c'est un animal qui ne sait pas qu'il est un animal, et c'est pour cela qu'il est un animal.
Maintenant, qu'est-ce qu'un homme ? Un homme, c'est un animal qui sait qu'il est un animal, et c'est parce qu'il le sait, qu'il ne l'est plus.
Vient maintenant le moment de définir l'ange. Je vous laisse le faire vous-même. Mais disons tout de même que cette figure représente l'idéal.

Alors, on peut se demander pourquoi cela serait faire la bête que de vouloir faire l'ange, que d'aller vers l'idéal ? Parce que les racines nous sont essentielles et que l'on ne peut aller sereinement que tant que l'on sait d'où l'on vient.

De même que l'enfant qui naît devient humain, l'espèce humaine a quitté l'animalité pour entrer dans l'humanité. Pour homo sapiens, il y a quelques soixante-dix mille ans, s'est produit une révolution cognitive. Il s'est mis à penser ce qui n'existe pas. Faisant un raccourci sévère, je pourrais dire qu'il a quitté l'instinct au profit de l'intelligence. Ce qui lui donne la possibilité de se parfaire. Être pleinement humain, c'est savoir d'où l'on vient, tenter de s'élever, aller plus haut dans le respect du vivant. Sans mépris, sans raisonner en termes de supériorité, d'infériorité, mais de différences.

Si je ne renie pas l'animal qui est en moi, puis-je donc faire l'ange ? Non, puisque je suis un humain. Cependant, je suis en possibilité, étant irréductiblement fier de mes origines, de me parfaire, prenant l'ange comme un exemple symbolique. Car il représente les valeurs dignes et morales, en quelque sorte un idéal de bonté.

Mais cela n'est plausible que si l'on fait la paix avec ce que nous avons été , avec ce que nous sommes, et ce que nous pensons pouvoir être.

Il me semble qu'aller vers l'ange est un bon chemin, et nous pouvons nous en approcher.

Mais cela ne me semble possible que si nous acceptons d'être aidés par cette partie animale qui nous reste, par l'humain que nous sommes devenus, et aussi par cette volonté perfectible de l'être, qui nous élève humblement et sans mépris vers l'idéal.

Voilà.

8. Et si nous ne pouvions pas être quelqu'un d'autre…

Présentation :

Qu'est-ce qui fait que chacun de nous soit unique et que personne ne soit irremplaçable ?

Texte :

À la question qui sommes-nous , je réponds que nous sommes nous-même. L'on pourrait penser la réponse facile, il n'en est rien. Le fait que nous soyons nous même et personne d'autre se nomme l'ipséité.

Voilà, j'ai lâché le mot, et je devine votre curiosité. Il s'agit de réflexibilité de l'être. De l'idée que j'ai de moi, ou plus exactement de l'idée que j'ai de moi, de moi-même. Cela est en rapport avec la conscience de soi et avec la psychologie qui, ne l'oublions pas, est fille de la philosophie. Ce perpétuel échange qu'entretient la philosophie avec la psychologie est une bonne chose. L'une et l'autre s'apportent en se nourrissant mutuellement.

Nous pouvons penser que nous sommes tous à peu près semblables. Nous subissons la même culture, la même éducation, les mêmes conditions de vie, de travail. Personne n'est irremplaçable mais chacun est unique. Malgré cela, quelque chose en nous fait que nous sommes nous-même et personne d'autre.
L'ipséité est le rapport psychologique qu'une personne entretient à l'égard d'elle-même. L'ipséité est pensées de nous-même tournées vers nous- même, l'on parle à cette occasion de pensées égologiques. Je vous donne un exemple, vous passez devant un miroir et vous y voyez votre reflet. Maintenant, vous passez devant le miroir et vous

vous y voyez vous-même. Ce n'est pas la même chose. Dans le deuxième cas, la réflexibilité de soi vers soi et la conscience d'être sont pleinement présentes.

Nous avons tous une considération pour nous-même et de nous-même, une représentation de ce que nous sommes. Évidemment, cette représentation est plus ou moins juste selon nos égo, mais elle définit l'idée que nous avons de nous-même. Ce sont ces idées, ces pensées égologiques, ces représentations qui vont faire que nous sommes nous et personne d'autre, que nous nous distinguons de nos semblables.

Le corps aussi, dès la naissance, va influer sur nos caractères psychologiques, et le devenir et l'idiosyncrasie sont d'importance dans la construction de l'être. Construction, car nous ne sommes jamais, puisque toujours nous devenons, mais cela est une autre histoire que je vous raconterai sans doute un autre jour.

Voilà.

9. Et si la volonté ne suffisait pas ...

Présentation :

Pour tout un chacun, la volonté est l'élément qui permet d'accomplir des tâches ou des travaux difficiles. Par ce texte, l'on découvrira qu'elle ne suffit pas et qu'elle ne peut sans l'aide d'un autre moteur être pleinement efficace.

Texte :

Vous avez sûrement déjà entendu dire ou dit vous-même, moi je m'arrête de fumer quand je le veux !
Et quelqu'un répondre, alors pourquoi ne le fais-tu pas ?
Et le premier de rétorquer, parce que je ne le veux pas !

L'on comprend ici que notre fumeur, s'il a de la volonté pour stopper le tabac comme il semble le prétendre, n'en a pas l'intention.
Il y a donc deux paramètres bien distincts, la volonté et l'intention.
Et pour se défaire d'une addiction, l'un ne peut se passer de l'autre.
La volonté tend vers l'avenir, je dis tend parce que l'avenir n'existe pas, l'intelligence est attribuée au présent car nous ne pensons jamais dans le passé ni dans le futur, et la mémoire est attribuée au passé.
Volonté, intelligence et mémoire sont la trilogie tridimensionnelle inscrite dans la temporalité, qui constitue la raison.
L'intention est reliée à l'intelligence et la conscience, donc participe de la raison. La volonté est reliée à la puissance, elle participe aussi de la raison.
Il y a du désir dans la volonté, et le désir a comme moteur le plaisir. Or fumer est un plaisir car il comble un manque. On comprend donc que de ne plus fumer pour l'accoutumé entraîne un déplaisir, et sans le plaisir comme moteur, plus de désir, donc plus de volonté, c q f d.
Il faut donc que l'intention soit solide, et que l'intelligence et la conscience soient au rendez-vous. Cela n'est pas chose simple, et c'est pour cela qu'il est difficile de sortir d'une addiction.

Il n'est pas plaisant au début du sevrage de ne plus fumer, l'intention doit par la conscience et l'intelligence se projeter dans un plaisir futur, celui d'être mieux à ne plus fumer.

La volonté, c'est de la puissance, c'est la puissance en acte. Il lui faut un moteur pour s'exercer, et ce moteur c'est le plaisir. Il faut donc booster la volonté par l'intention, par l'intelligence, par la conscience, se rendre compte que le meilleur, s'il n'est pas encore là, est à venir.

Sortir d'une addiction, c'est souffrir. La volonté est mise à rude épreuve. Il faut que l'intention soit forte, la garder en mémoire et en conscience pour que la volonté puisse s'affirmer, s'acter.

 Mais j'ai une autre méthode à vous proposer, mon père m'avait un jour dit :

 « si tu veux arrêter la cigarette, c'est très facile, il suffit de ne pas fumer la première de la journée ! »

Voilà.

10. Et si faire vœu de pauvreté était une erreur ...

Présentation :

Se désapproprier de ses biens. Faire vœu de pauvreté.
Voilà qui est louable me direz-vous ! C'est généralement ce que l'on pense, mais qu'en est-il vraiment ?

Texte :

Il me semble que notre identité résulte au moins en partie de ce qui nous entoure. Nous avons tous quelques objets ayant appartenu à des êtres chers, importants, qui ont contribué à construire ce que nous sommes devenus. Les objets que nous aimons et ceux de notre quotidien sont révélateurs de notre identité. S'en désapproprier, s'en défaire , c'est d'évidence esseuler une partie de soi.

La terre aussi a son importance, je veux dire le lieu où l'on a grandi, vécu. Être privé par la vie de la terre où l'on est né, c'est être déraciné, c'est laisser à jamais une partie de soi que l'on n'emporte pas.

Alors attention avant de jeter, de se désapproprier de tout, pensons bien qu'en même temps c'est une partie de nous que nous abandonnons.

D'autre part, le vœu de pauvreté me parait être un non-sens. Être pauvre volontairement, c'est devenir dépendant de l'autre. C'est compter sur sa gentillesse, alors que l'on pourrait être autonome. Et même sans cette curieuse idée de pauvreté on pourrait devenir, lorsque cela se présenterait, un soutien pour l'autre.

Il me semble que l'idée de désappropriation viendrait de ce que l'on possède mal.

Les antiques nous donnent un exemple.

Le cynique Diogène considérait qu'il ne fallait garder que l'utile. Un jour, en voyant un enfant boire dans ses mains, il jeta son propre bol le jugeant inutile.

Le stoïcien Marc-Aurèle prenait les choses pour ce qu'elles sont. Une cuillère en or n'a d'intérêt que si elle est pratique, voilà toute sa valeur.

Les épicuriens, eux, sont dans l'idée du plaisir dans la frugalité. Ne compte vraiment que ce qui est naturel et nécessaire. Pour un épicurien, le plaisir est une bonne chose, mais à condition qu'il n'engendre pas un déplaisir plus grand, du vin oui, mais trop non !

Nous pouvons remarquer que pour des personnes vivant comme ces philosophes, c'est-à-dire en ne gardant que l'utile, avec cette simplicité de ne considérer les choses que pour ce qu'elles sont, et avec le souci du naturel et du nécessaire en plaçant le plaisir comme souverain bien, il me semble que pour ces gens-là, les mots de désappropriation ou de vœu de pauvreté n'ont pas de sens.

Je dirai pour conclure que la pauvreté n'est pas un but à poursuivre et qu'il est bon d'éprouver le plaisir de ne point manquer.

La richesse ne dépend pas de notre fortune mais de notre capacité à apprécier, à aimer, et surtout à se contenter de ce que l'on a.

Voilà.

11. Et si le sourire n'était pas gentillesse...

Présentation :

Et si le sourire n'était pas, comme on le pense, une politesse ni une gentillesse, mais plutôt un moyen pour obtenir.
Obtenir quoi ? Vous le saurez en lisant ces lignes...

Texte :

J'ai souvenir d'un atelier dont le sujet était « De la gentillesse à la faiblesse. » Lors de celui-ci, une participante avança l'idée que pour elle, le sourire était la première des gentillesses.
Ce à quoi je me suis opposé en disant que cette idée, si elle était courante, convenue, commune, n'était pas véritablement juste.
Il me semble que si culturellement le sourire est considéré comme une attention, un cadeau, l'usage de celui-ci par nature ne répond pas à l'idée que l'on s'en fait. Il est vrai que tout peut être fait par gentillesse, y compris de sourire, ainsi que toutes autres choses, les meilleures comme les pires !

Mais voyons d'où nous vient cette grâce qui illumine nos visages.
Les petits primates singes, tout juste nés, s'accrochent aux poils de leur maman pour bien signifier leur présence. C'est ce que l'on appelle le réflexe archaïque. Le petit primate humain aimerait bien faire de même, mais sa maman n'est pas assez velue ! Cependant, il a aussi comme son cousin primate singe ce réflexe. Parfois les pédiatres laissent le bébé s'accrocher à leurs doigts et le soulèvent, ce qui fait peur et rire la maman.
Ne pouvant comme le petit singe imposer sa présence, le bébé, sans que cela soit intentionnel, jouera de son sourire dont il comprendra bien vite l'efficacité en miroir, par le sourire, les exclamations, et les bisous de sa maman. Le bébé sourit pour obtenir protection.

Le sourire est une belle arme, il donne du charisme, ce pouvoir dont charmeurs et charmeuses abusent parfois. Il est bien connu qu'un enfant qui sourit obtient plus qu'un enfant qui ne sourit pas.

Plus tard, à l'âge adulte, le sourire permettra d'obtenir naturellement les contacts amicaux et amoureux.

Il est vrai aussi que pour obtenir la paix, éviter les bagarres, les conflits, le sourire n'est pas mauvaise chose. Ne dit-on pas d'un sourire qu'il est désarmant ! D'ailleurs, il me semble que les personnes qui ont pour habitude de sourire ont globalement plus de facilité à résoudre, lors de faces à faces, les petits problèmes de la vie de tous les jours.

Le sourire, d'évidence, est moyen d'obtenir, nul doute qu'il soit d'essence de nature.

Si je devais en quelques mots définir la gentillesse, je dirais qu'être gentil c'est rendre service. Le sourire n'aide en rien pour changer la bouteille de gaz de votre vieille voisine. Il peut être considéré, à la rigueur, comme une politesse. Mais quel plaisir lorsqu'en retour le visage de votre voisine de mamie s'éclaire.

Voilà.

12. Et si le lapsus était une mine de perles…

Présentation :

Ce texte tend à prouver que le lapsus, cheval de bataille pour psy de tous poils, est en fait un mot bien rangé dans un meuble, dont le langage ouvre parfois le tiroir.

Texte :

Quel est donc cet étrange phénomène qui nous fait dire un mot à la place d'un autre ? Nous appelons cela un lapsus linguae lorsqu'il est parlé, et un lapsus calami lorsqu'il est écrit.

Nous nous appesantirons sur le lapsus parlé. Nous pouvons lui accorder trois raisons d'être.
La première est due à la fatigue, la deuxième à un trop grand flot verbal. Ces deux raisons sont facilement concevables, la troisième me semble plus amusante. Elle dépend d'une obsession, d'une préoccupation, de quelque chose dans le genre.
Imaginez par exemple un homme se renseignant depuis quelques jours pour repeindre sa maison. Il a la tête pleine de prix, de peinture, de mètres carrés, d'échafaudage, de couleurs etc... puis il rencontre un ami et ils en viennent à parler d'une personne qu'il n'aime pas. Notre peintre en herbe pourra dire tout naturellement et peut-être sans s'en rendre compte, celui-là je ne peux pas le voir, même pas en façade ! Et voilà le lapsus.
Mais le plus souvent il s'agit d'un mot qui ressemble beaucoup. Par exemple, souche, mouche, couche etc... il y a presque toujours une musicalité entre le lapsus et le bon mot. Le lapsus généralement ne déroge pas à la musicalité du langage, à la prosodie.
Rappelez-vous notre ministre Rachida Dati, qui au lieu de nous dire le mot inflation, employa le mot fellation. Nous pouvons constater que des similitudes indéniables rapprochent phoniquement ces deux mots. Ils ont chacun trois syllabes, ils finissent de la même façon par « tion », et on retrouve dans chacun le f le l et le a. Cela est très

souvent le cas. Pour exemple, péroné avec périnée, ou ministre avec sinistre, ou encore big bang avec big band.

On pourrait comme cela en décliner quelques centaines.

Je pense que ce qu'il faut comprendre dans le lapsus, c'est que la bouche le prononce et les oreilles l'entendent. La bouche donne, et les oreilles reçoivent.

Pour être plus clair, le lapsus sortant de la bouche n'a pas de signification. Le sens, s' il y en a un, dépend des oreilles qui entendent le lapsus et vont l'interpréter. On pourrait penser avec de la mauvaise foi que Rachida Dati souffrirait d'une certaine préoccupation, il me semble qu'il n'en est rien. À mon avis, il y a plus de fellation dans les oreilles qui entendent ce lapsus que dans la bouche de notre ministre.

Le lapsus en lui-même n'a pas de sens. Il n'a que celui qu'on lui donne. Le lapsus nous amuse, nous donne à penser, mais c'est toujours un après coup, une réflexion, une interprétation, une sorte de toboggan qui nous permet parfois d'accéder à une représentation inattendue de la réalité, la faisant se transformer, passant d'un caractère ordinaire à d'autres peu banals.

Voilà.

13. Et si la culture était d'essence de nature...

Présentation :

Au lieu de se penser maîtres de la nature, nommant et classifiant toutes choses, regardons avec un peu d'honnêteté intellectuelle si elle ne serait pas à l'origine de notre culture, dont nous sommes si fiers.

Texte :

Voici là une belle question philosophique. À notre époque où l'on confond biologique avec naturel, où l'on confond nature avec campagne, il ne me paraît pas anormal de se demander si culture vient de nature ou si culture et nature sont belles et bien distinctes. Je pense que nature et culture sont intimement mêlées, pour utiliser le vocabulaire d' Henri Bergson se compénètrent.
Je vais tâcher d'expliquer mon point de vue.

Pour cela, je nous invite à faire un saut dans le passé . Quelques dix ou quinze milles années suffiront !
Nous voilà en pleine révolution agricole, la période où l'homme est devenu sédentaire. C'est le début de l'agriculture, les premiers temps où l'homme commence à faire pousser ce qu'il va manger. C'est le moment où l'homme commence à transformer la nature en campagne.
Il y a à peu près dix/quinze mille ans donc, l'homme décide de faire pousser ce que d'habitude, il cueille. Cela va l'obliger à considérer le sol en parcelles. On peut supposer la propriété étant, que les conflits ne sont pas loin. Mais cela est une autre histoire.
Revenons à nature et culture. L'homme, de manière empirique, c'est-à-dire par l'expérience, s'aperçoit que lorsqu'il plante de gros grains, il obtient une céréale bien fournie en beaux grains. Il aura par forces

observations l'idée de manger les petits grains, prenant soin de garder les gros comme semences pour la récolte suivante. L'homme tire un enseignement à cultiver la terre. Il cultive la nature, et la nature le cultive.

Il me semble qu' à ce moment de réflexion, nature et culture sont indissociables. La nature devenue campagne, devenue agriculture par l'homme, le cultive par l'observation qu'il en a. La compréhension du devenir de la nature, devenir dont il est à l'origine, nourrit sa tête aussi bien qu'il nourrira son ventre .
Par cette activité agricole, l'homme va tirer bien d'autres enseignements, d'autres connaissances, d'autres savoirs. Il apprendra à faire des réserves, à fabriquer des lieux de stockage. Il élèvera des animaux pour l'aider dans les travaux agricoles. Il en élèvera aussi pour se nourrir de leur lait, de leur viande. L'animal remplira aussi des fonctions de gardiennage, d'aide à la chasse et de compagnie.

Nous pouvons dire que la culture de la nature que nous appelons agriculture, cultive l'homme, lui prodiguant une culture intellectuelle lui permettant d'acquérir un savoir-faire.
Un cercle vertueux est né. N'en doutons point, notre culture est d'essence de nature.

Voilà.

14. Et si le pouvoir était l'un des signes de l'impuissance...

Présentation :

Nous allons par ce texte distinguer pouvoir et puissance, le moi et le soi, et la dépendance et la liberté.

Texte :

Il était une fois, il y a bien longtemps, dans un pays d'Orient, un homme pauvre nommé Kiran, il arpentait dans la nuit les rues de la ville à la recherche d'objets à récupérer. Une patrouille de surveillance l'interpella.
- Homme, qui es-tu ?
- Je n'ai pas à te le dire, répondit Kiran car je suis bien au-dessus de toi.
Les patrouilleurs allèrent chercher leur chef. Il posa à Kiran la même question, et reçut la même réponse.
- Je n'ai pas à te le dire car je suis bien au-dessus de toi.
Le chef des patrouilleurs emmena l'homme à son supérieur qui l'emmena lui-même à son supérieur, et ainsi de suite jusqu'à ce que Kiran se trouve face au roi du pays. Le roi lui demanda :
- Homme, qui es-tu ?
- Je n'ai pas à te le dire, répondit Kiran car je suis bien au-dessus de toi !
- Au-dessus de moi, répondit le roi, il y a Dieu ! Mais je n'ai pas l'intention de le déranger pour toi .
- Ce n'est pas la peine, répondit Kiran car je suis bien au-dessus de lui !
- Ceci est impossible rétorqua le roi, au-dessus de Dieu il y a rien !
Kiran regarda longuement le roi et dit :
- mais moi je suis rien.
L'histoire originelle nous mène jusqu'à Dieu, mais pour ne point créer de zizanie nous la ferons s'arrêter au roi.
Nous pouvons distinguer deux mondes. Celui de la hiérarchie et celui de l'autonomie .

On pourrait considérer dans un premier temps que le pouvoir de la hiérarchie s'exerce sur Kiran, cependant il se place toujours comme étant au-dessus de chacun. Il est indépendant, libre, sans Dieu ni maître en quelque sorte.

Le pouvoir d'un chef n'émane pas de lui-même, il le reçoit de son supérieur. Le pouvoir ruisselle en cascade sur les hommes comme de l'eau jetée du haut d'un escalier. De marches en marches se distribuent ordres et obéissances, et cela souvent en faisant l'économie de la responsabilité, de la culpabilité.

Kiran lui, n'a pas de pouvoir sur les autres, mais a le pouvoir de lui sur lui qui est le plus grand des pouvoirs.

Le pouvoir de soi sur soi procure la puissance, alors que le pouvoir de soi sur l'autre est bien souvent révélateur d'un manque de confiance en soi, d'une incapacité à se réaliser.

Les patrouilleurs sont dans le moi psychanalytique, Kiran lui, est dans le soi philosophique.

Retenons que le pouvoir est bien souvent le moyen de dominer l'autre, et la puissance le moyen de s'accroître, de s'épanouir et éventuellement d'aider. Kiran est hors d'une lignée hiérarchique, il a cette puissance d'être qui se suffit à elle-même et lui permet de s'accomplir.

Tenter d'avoir le pouvoir de soi sur soi, c'est tenter d'être libre, d'être puissance en acte.

« Si tu veux me suivre, disait Nietzsche, ne me suis pas. »

Voilà.

15. Et si le suicide résultait de la déception...

Présentation :

J'ai tenté par ce texte de parler d'un sujet hautement complexe, sans tabou ni pudeur, en évitant les lieux communs et les pensées catégoriques qui généralement affublent cette ultime action que l'on nomme suicide.

Texte :

Beaucoup d'entre nous ont été confrontés à cet acte qui consiste à abréger sa vie et que l'on appelle suicide. Prendre le suicide comme objet philosophique n'est pas aisé. Bien d'autres l'ont fait. À l'instar de mes honorables prédécesseurs, il est temps pour moi d'apporter en toute humilité ma modeste pierre à l'édifice.

Il me semble, si l'on excepte souffrances et douleurs insupportables, si l'on se trouve donc en dehors de cette conjecture, que le suicide semblerait provenir dans l'immense majorité des cas d'une déception. Cette déception est due au fait que l'on pense que la vie pourrait être, ou aurait dû être autrement que ce qu'elle est, ou autrement que ce qu'elle a été. Il y a donc un décalage entre ce que nous apporte la vie et ce que l'on pense être en droit d'attendre d'elle. Cette déception est bien souvent à l'origine de déprime, de dépression, de mélancolie, de tristesse et de désarroi infinis.

Notons pour la suite de mon propos la différence entre être dans le désespoir, et être désespéré. Être désespéré, c'est être sans espoir mais aussi sans crainte .
Être dans le désespoir, c'est être dans un état où plus aucune joie n'est possible.
Paul Audi nous dit que la volonté d'être un autre que soi-même participe du désespoir.

Vouloir être quelqu'un d'autre pour échapper au malheur qui s'abat sur moi ! C'est ce refus de notre réalité qui provoque l' impuissance à rebondir, à faire acte de résilience.

Nous sommes toujours en devenir, il y a toujours un autre nous-même qui s'inscrit en nous-même qui devient nous-même tout en nous laissant devenir autre. Cela peut paraître compliqué, mais ce n'est que l'existence évoluant dans la temporalité.

Mais le malheur nous empêche de considérer ce qui nous arrive. Il nous enlève notre capacité à réfléchir, à accueillir le réel.

Chez les Antiques, Sénèque nous enjoint à quitter notre vie lorsqu'elle ne vaut plus la peine d'être vécue. Notre époque nous permet parfois de vivre au-delà de nos capacités à abréger nous-même notre vie. En France, ni notre parole ni nos écrits ne suffisent pour être assisté dans notre suicide. C'est à cause de cela que s'écrasent sur le bitume du rez-de-chaussée les corps défenestrés des vieux locataires d'Ehpad qui ont la funeste chance de loger à l'étage.

Il serait temps qu'entre dans les mentalités la possibilité d'exercer selon notre volonté l'ultime liberté consistant à restituer, quand nous l'aurons désiré, les atomes de notre corps au monde qui les a, par le passé, si bien réunis.

Voilà.

16. Et si en marge du cultuel, nous redéfinissions la grâce et la passion...

Présentation :

Il est habituel de considérer la passion comme une bonne chose, nous verrons qu'elle n'en est rien. Quant à la grâce, nous en découvrirons un aspect inhabituel mais pourtant bien réel.

Texte :

Pour bon nombre de nous, les mots grâce et passion évoquent la religion. La passion, écho de la souffrance de Jésus sur le chemin de croix et de la crucifixion, la grâce divine, don de Dieu pour le salut.
Tout en respectant les sens précités, dirigeons-nous vers un sens plus laïque sans pour autant se priver d'une spiritualité.

Le passionné est celui qui subit une passion. Sa passion est plus forte que lui, il ne peut s'empêcher de la pratiquer, sa passion domine tout, il en oublie l'essentiel, ses amis, sa famille. Le passionné de course à pied par exemple, va délaisser conjoint et enfants au bénéfice de sa passion. Il se sent obligé de se lever chaque matin pour aller courir malgré un mal aux genoux ou à une cheville, privilégiant l'entraînement à son détriment et à toute autre occupation si importante soit-elle.
L'on ne peut imaginer le nombre de couples détruits à cause d'une passion. J'avais entendu lors de la mode du Rubik's cube que des épouses avaient demandé le divorce, argumentant d'être délaissées à cause de la pratique de leur mari.
La passion reste une souffrance. Être passionnément amoureux, c'est ne plus manger, ne plus dormir, c'est devenir un autre « qui marche au plafond. » C'est tout sauf de l'amour me direz-vous ! Toutes les passions sont des addictions, elles entraînent souvent de graves désagréments et parfois la mort.

Il en va autrement pour la grâce. L'état de grâce est une inspiration particulière dans une activité, sportive, artistique etc... On dit par exemple d'un chanteur qui vit ce qu'il fait qu'il est habité. Je ne pense pas qu'il le soit plus que vous et moi.

En fait, il devient son art, contrairement au passionné qui le subit. Le chanteur en état de grâce devient chant. Il devient ce qu'il fait, c'est-à-dire qu'il devient chant et le chant devient lui. Le chant devient lui et est au-dessus de lui. S'opère là une transcendance.

L'homme en état de grâce devient son art qui est lui et au-dessus de lui, c'est un dépassement de soi par soi, en devenant ce que l'on fait sans être comme le passionné, esclave de ce qu'il fait.

Le passionné est à la merci de sa passion, il en perd la volonté, et donc la raison, puisque la volonté avec la mémoire et l'intelligence est l'un des trois constituants de la raison.

Remarquons tout de même que l'état de grâce peut, il me semble, être à l'origine de quelques dysfonctionnements. On entre dans une autre dimension de la réalité.

Mais le génie à un coût.

Voilà.

17. Et si accepter une certaine laideur nous était utile...

Présentation :

Par ce texte, je place l'idée que si certaines choses sont à proscrire et que l'on pourrait bien s'en passer, cela ne les empêche pas d'être utiles.

Texte :

Chacun de nous, même les plus ouverts, avons construit un système de pensées. On appelle cela l'échafaudage mental. Comme tout échafaudage, il doit pour fonctionner correctement être en un équilibre stable. Il permet normalement de distinguer le bon du mauvais, le vrai du faux, le bien du mal, le beau du laid etc... une idée ou une image vient à bousculer l'échafaudage, elle est refoulée au fin fond du fond de soi. Ce qui, vous l'imaginez aisément, n'est pas une bonne chose, car ce qui est refoulé agit tout de même sur nous.

Prenons maintenant Mr X, il a un échafaudage mental, un système de pensées très fermés, il s'est toujours protégé de tout. Sa vie est à l'instar de celle des Bisounours. Et voilà qu'il lit un texte qui le choque. Il n'est pas d'accord et a envie de dire ses quatre vérités à l'auteur.

Réfléchissons sur le sens d'un texte. Un texte a le sens que l'auteur lui a donné et parfois malgré lui. Il a le sens de son époque, le sens aussi de l'époque à laquelle il sera lu. Il a, s'il est traduit, un sens plus ou moins modifié. Et peut-être le plus important, il a le sens que lui donne le lecteur. On pourrait dire que chaque lecteur est co-créateur du sens du texte.

Donc Mr X trouve le texte ignoble, il vocifère. Mr X ne voit que de la laideur dans le texte parce que la laideur est en lui, bien en lui, refoulée jour après jour. Mr X ne connaît que trop la laideur puisqu'il passe son temps à la stocker en lui pour l'éviter. Il ferait mieux, au lieu de la refouler, de l'accepter, ainsi que la beauté, pour pouvoir apprécier le monde à sa juste valeur.

L'idéal serait d'avoir laideur et beauté en soi et n'en rien refouler pour acquérir ce que l'on appelle le sens esthétique. Car les choses ne sont pas forcément laides ou belles mais parfois magnifiquement laides ou abominablement belles. C'est ce que l'on trouve en lisant par exemple Les fleurs du mal, Une saison en enfer ou encore Les chants de Maldoror.

Peut-être que Mr X est tombé sur l'un de ces textes et n'en a compris que le sens qu'il pouvait saisir, avec son échafaudage mental fermé et son sens esthétique inexistant. Mr X n'est pas content de sa lecture, il décrète le texte de mauvaise qualité littéraire, le critiquant avec force rage.

Avoir un sens esthétique, c'est avoir la possibilité de critiquer, de proposer un avis, sans catégoriser ni juger, c'est aussi pouvoir découvrir la beauté dans la laideur. Cela est difficile car le sens esthétique n'est jamais inné. Le sens esthétique est souvent le résultat de l'objectivité, de la compréhension, d'une certaine absence de jugement catégorique.

Mais Mr X , puisqu'en l'espace de ces quelques lignes je vous ai donné vie, permettez-moi de vous dire : « Mr X, peut-être est-ce vous qui êtes nul, non ? »

J'aime bien cette phrase de Victor Hugo, « la liberté commence où l'ignorance finit ». Et j'ajouterai, y compris la liberté qui consiste à ne pas être l'esclave de ses préjugés.

Voilà.

18. Et si nous parlions de l'empathisme et de la pitié...

Présentation :

Ce texte pour tenter de dire que bien souvent vouloir mieux faire que bien faire est mal faire.

Texte :

Mais quel est donc ce nouveau mot ? On comprend bien qu'il dérive du mot empathie, et que sa terminaison en isme ne présage rien de bon. Allez, je vous donne une définition, l'empathisme est une volonté exagérée, excessive, démesurée, d'aider son prochain sans qu'il en ait fait la moindre demande, et qu'il en ait la moindre envie, on peut parler d'une volonté exagérée et intrusive de rendre service. Cela part presque toujours d'un bon sentiment, mais parfois aider l'autre sans finesse ni précaution, a pour contre-emploi de le réduire à sa condition.

Je vous propose un exemple bien connu, un classique du gag. Un aveugle marche sur le trottoir et une personne empathiste se rue sur lui et le fait traverser de force, alors que nul n'en était son désir, et qu'il aurait pu, si telle avait été sa volonté, le faire sans l'aide de quiconque. Parfois, certaine personne désireuse de bien faire, pratique malgré elle ou par ignorance cette gentillesse exagérée. Il arrive aussi que cela soit le fait d'un malsain souci de montrer sa supériorité. Ceux atteints d'un handicap connaissent bien le problème, et avec le temps ont appris à en tirer quelques avantages. Et oui, c'est aussi une bonne action que de permettre à l'autre de nous aider.

L'empathisme, c'est aussi cette considération démesurée qui est de placer l'autre plus haut que soi. Il est normal, me semble-t-il, d'avoir estime, admiration pour certaines personnes, mais il n'est pas bon de les considérer plus hautes que soi. Ce serait de l'adulation, du fanatisme, qui montre un manque de confiance en soi, on se minimise. Il arrive que nous soyons intimidés par quelqu'un mais il nous faut éviter de penser l'autre comme étant plus haut. Surtout que le considérer ainsi empêche en particulier l'empathie et l'amitié d'exister, ou alors ce serait une amitié qui ressemblerait à une forme de vénération.

Mais parlons maintenant de la pitié. Elle est une forme d'empathisme lorsqu'elle regarde l'autre comme pitoyable. Dans ce cas, elle devient nauséabonde, ignoble, immonde, cela dévalorise l'autre, cela le désidentifie, cela le dépersonnalise, le chosifie, cette pitié-là n'est pas bonne.

La seule pitié qui vaille serait celle de Jésus. Mais Nietzsche disait dans Zarathoustra : « la pitié n'est-elle pas la croix sur laquelle l'on cloue celui qui aime les hommes ? » Donc, méfions-nous de la pitié, même en sa plus pure essence.

Il me semble que la charité est mieux venue, je veux parler du charitable. Être charitable me semble mieux qu'avoir pitié, dans l'un l'on est, tandis que dans l'autre, l'on a.

Voilà.

19. Et si moins était mieux que plus...

Présentation :

Ce texte est extrait de l'une de mes conférences dont le sujet portait sur les valeurs, la morale, l'idéal. Je l'ai réécrit pour l'occasion tout en lui laissant son caractère oral.

Texte :

On pense toujours à l'idéal, on pense toujours au plus, au plus, au plus, être plus fort, plus beau, plus intelligent etc... il me semble qu'il vaudrait mieux aller vers le moins, le moins, le moins, c'est ce qu'il faudrait faire. C'est-à-dire que, il ne faudrait pas chercher à être plus beau, il faudrait chercher à être moins moche. Il ne faudrait pas chercher à être plus fort, il faudrait chercher à être moins faible. Il ne faudrait pas chercher à être plus intelligent, il faudrait chercher à être moins bête.

Gilles Deleuze nous disait, philosopher c'est lutter contre la bêtise. Il ne disait pas, philosopher c'est atteindre des sommets d'intelligence ! La bêtise, nous l'avons en nous, comme la poussière dans la maison, il est plus facile pour devenir moins bête de passer un coup de balai, parce que si l'on va vers l'intelligence, sans balayer la bêtise, nous allons faire là une sorte de colmatage qui ne servira vraiment à rien. L'idéal est en dehors de la réalité, ce qui est idéal est inaccessible.
Je pensais, quel ballot ce Jacques Brel avec son inaccessible étoile. Mais si l'on se penche un peu plus sur la chanson, on s'aperçoit que ce n'est pas lui qui a écrit le texte originel, et puis cela raconte la vie de Don Quichotte qui, si je puis le dire ainsi, n'avait pas la lumière à tous les étages. Jacques Brel est un artiste magnifique, il incarne un rôle mais en dehors de cette chanson, l'inaccessible étoile, c'est l'idéal, la bêtise. Et quand on veut atteindre l'idéal, et bien, cet inaccessible-là va nous mener vers une culpabilité, parce que l'on se sent bien moche par rapport à ceux que l'on voit dans les magazines, et pas aussi intelligent que ceux qui causent dans la télé. On est dans

la culpabilité et la frustration de ne pas arriver à atteindre cet idéal-là. Et cela est un déplaisir, ce n'est pas du plaisir, et comme cela, on n'arrive à rien.

Permettez-moi de vous raconter une petite histoire. Un gamin va tous les matins à l'école. Et sur son trajet, par une fenêtre il remarque un sculpteur qui devant un énorme bloc de pierre enlève de la matière à grands coups. Il procède par le moins, le moins, le moins. Le gamin observe tous les jours, en passant devant la fenêtre, le travail du sculpteur. Et un jour, ébahi, il voit une femme magnifique sortie comme par enchantement du bloc de pierre. Alors il ne peut s'empêcher d'interpeller le sculpteur, et de lui demander, « hé monsieur, comment savais-tu que dans la pierre se trouvait une jolie dame ? »
C'est par le moins, en enlevant de la matière, que le sculpteur fait naître la beauté.

L'idéal nous trompe toujours, les valeurs nous trompent parfois, faisons attention à cela. Si les valeurs sont importantes, prenons tout de même garde à ne pas tomber dans un toujours plus, une chute ascensionnelle vers l'inaccessible étoile.

Voilà.

20. Et si toutes valeurs procédaient du désir...

Présentation :

De toutes les valeurs existantes, nous distinguerons deux catégories, les dignes et les pécuniaires, et nous constaterons qu'elles ont le même fonctionnement.

Texte :

Les valeurs n'ont pas de prix comme disait Kant, elles ont une dignité. Elles ont une intégrité et ne peuvent s'échanger. La Justice par exemple, ne peut s'échanger contre la Liberté ou la Solidarité. Il y a dans ce type de valeurs une dignité, une intégrité.

Une valeur c'est ce qui vaut, c'est-à-dire ce qui est corrélé au désir. Ce qui n'est ni désirable ni désiré ne vaut rien. Une valeur ne vaut que parce qu'elle est désirée ou désirable, ou désirée et désirable. Ce qui ne vaut rien n'a pas de valeur. Mais il y a deux sortes de valeurs, les valeurs dignes dont nous avons précédemment parlé et les valeurs pécuniaires. Les deux fonctionnent avec le désir. Si votre voiture n'est ni désirable ni désirée, vous aurez de toute évidence beaucoup de peine à la revendre. Valeurs dignes ou pécuniaires n'ont de valeur que par un humain désir. Les valeurs sont donc humaines.

Un objet en lui-même n'a aucune valeur, sa valeur dépend de son évaluation. La valeur ne préexiste pas à l'évaluation, la valeur est créée par elle. Évaluer c'est donner, créer de la valeur. « C'est l'évaluation qui fait des trésors et des joyaux de toutes choses évaluées, » (Nietzsche, Zarathoustra) . La force du désir crée la valeur, la loi de l'offre et de la demande. Il nous faut admettre que les valeurs sont humaines et fonctionnent avec le désir. Si la Liberté et votre voiture ne sont ni désirables et ni désirées, elles ne vaudront ni l'une ni l'autre.

On pourrait penser que les valeurs dignes sont absolues, il n'en est rien. Le commandement, « tu ne voleras point » pourrait passer pour absolu, mais il y aura toujours sur cette terre quelqu'un pour dire que le vol est parfois moral.

Cependant il me semble que l'on pourrait qualifier la Vérité d'absolue, car même les menteurs n'aiment pas qu'on leur mente. Les valeurs dignes sont subjectives, ce qui est bon pour moi ne l'est pas forcément pour l'autre. C'est toute la difficulté de la morale qui est constituée d'un ensemble de valeurs.

Les valeurs sont humaines et sont donc sujettes à appréciation, elles peuvent résonner plus ou moins fort selon la bouche qui les exprime.

Laissez-moi vous narrer une petite histoire. Un jour, un pirate et un corsaire se rencontrent. Le corsaire dit au pirate, vous, pirate, vous combattez pour de l'argent, alors que moi, corsaire, je combats pour l'honneur. Et le pirate répond, nous combattons tous les deux pour ce qui nous manque.

Ce qui est universel, c'est le respect des valeurs, et surtout pour les nôtres propres, et celles que nous avons intégrées.

Voilà.

21. Et si la morale était l'écart entre la réalité et l'idéal…

Présentation :

Je démontre par ce texte que si morales et valeurs sont bonnes, il ne faut point en abuser, et savoir raison garder, se défaire des idéaux et apprendre à apprécier le moment présent.

Texte :

Le réel, ce sont les choses en elles même, la chose en soi, par exemple, un arbre, une voiture, un chat. Toutes ces choses ont une puissance. Si l'on veut détruire une chose, il faut lui opposer une puissance supérieure.

Ce que nous percevons du monde, c'est la manifestation de la puissance du réel. Cette manifestation de la puissance du réel est appelée apparence. Nous avons accès à l'apparence, mais pas aux choses en soi, au réel. Par l'apparence, les choses nous apparaissent et nous les percevons par nos sens, la vue, l'ouïe, l'odorat, le goût, le toucher. Nous conscientisons cette perception, elle parvient à la raison et c'est ce que l'on appelle la réalité. La réalité, ce sont les choses telles que nous les percevons et le réel ce sont les choses telles qu'elles sont. Nous sommes toujours dans une réalité, la nôtre, humaine et personnelle. Nous sommes comme décalés du réel. Le réel, ce sont les choses telles qu'elles sont, la réalité les choses telles que nous les percevons, et l'idéal telles que nous souhaiterions qu'elles soient. La morale, les valeurs nous poussent à l'idéal. L'idéal ce n'est pas le réel, ce n'est même pas la réalité, ce sont les choses telles qu'on voudrait qu'elles soient. Faisons donc attention à l'idéal qui nous écarte complètement de la réalité, qui nous pousse à l'erreur.

Pour comprendre le monde, les scientifiques cherchent à franchir la barrière de l'apparence, tentent de comprendre les choses en elles-mêmes, vont au cœur de la matière. Il est difficile de quitter la réalité pour investir le réel, mais il est par trop facile de la quitter pour l'idéal. Pour aller vers le réel, nous avons besoin de la science et de la philosophie, alors que pour aller vers l'idéal, l'imagination suffit. Les valeurs, la morale et bien entendu l'imagination nous poussent vers l'idéal. Cela nous coupe de la réalité, nous fait vivre dans un monde imaginaire au détriment du vrai monde.

J'ai entendu sur une radio un célèbre marin raconter qu'étant enfant, il avait fait une réflexion sur le mauvais temps à un vieil homme. Et cet homme lui a répondu, il vaut mieux un mauvais temps que pas de temps du tout.

Tout est bon en ce monde, ne pas en perdre une miette, se contenter de ce qu'il nous donne. Tâchons de faire pour le mieux et laissons l'idéal à ceux qui courent après les chimères, et ne se rendent pas compte que la vie, comme disait Sénèque, ce n'est pas attendre que l'orage passe mais apprendre à danser sous la pluie.

Voilà.

22. Et si la nature était sans vices et sans vertus...

Présentation :

Ce texte traite de notre quasi incapacité à considérer objectivement le monde, à le comprendre sans lui donner ni intention, ni sens moral.

Texte :

Avez-vous remarqué que notre rapport à la nature est parfois, pour certains d'entre nous, frangé de superstitions ? Nous avons tôt fait de trouver comme explication, que ce soit pour un tremblement de terre, une invasion d'insectes ou un virus pathogène, une vengeance que la nature nous infligerait. Penser que la nature puisse être pourvue d'intentions ne peut, il me semble, qu'engendrer troubles, craintes et peurs, et installer, pour se prémunir du malheur, un aller vers rites, prières et autres croyances, qui n'arrangent rien et nous éloignent de la rationalité.

Nietzsche nous dit la chose suivante. « Il n'y a pas de phénomènes moraux mais seulement une interprétation morale des phénomènes. » Nous pouvons entendre par phénomènes ce que nous percevons ou plus généralement l'articulation physique du sensible.

Supposons que dans un lieu entouré de nature, vous ayez un jardin. Un sanglier vient le dévaster. Repu, le gourmand s'en retourne chez lui, et voilà que le vent fait tomber un arbre écrasant le vilain porc sauvage. Vous pourriez, poussé par quelques coléreux sentiments, vous écrier qu'il y a en ce monde une justice. Et bien non, n'en croyez rien, il ne s'agit là que de lignes causales qui se rencontrent, pas de moralité, juste un concours de circonstances.

Dans la nature, point de vices ni de vertus. Le vice et la vertu peuvent être comparés à la chaleur et au froid, qui ne sont pas des qualités appartenant aux objets mais des perceptions de l'esprit.

Je vous donne un exemple. Fatigué d'une marche, vous vous asseyez sur une grosse pierre. Elle est chaude, mais cette chaleur n'entre pas dans les qualités de cette pierre, elle est chaude tout simplement parce que le soleil la caressait de ses rayons, c'est une cause extérieure. Sans cela, elle aurait été beaucoup plus fraîche. La chaleur ou le froid de la pierre ne font pas partie des qualités de la pierre, mais appartiennent à votre perception, qui aura tôt fait de vous faire interpréter cela comme bien ou mal, en lui prêtant une intention.

N'oublions pas que les valeurs, le vice, la vertu et la morale, qu'elle soit de conviction se rattachant aux fins, ou de responsabilité, se rattachant aux moyens, sont humains. Nous ne cessons d'interpréter en oubliant que les choses sont ce qu'elles sont, et pas toujours comme nous les percevons, et pratiquement jamais comme l'on souhaiterait qu'elles soient.
Évitons de faire des procès d'intention à la nature, nous aurions plutôt intérêt à en prendre soin.

Voilà.

23. Et si la morale n'était pas si rigide…

Présentation :

Pour ce texte j'utilise une idée de Denis Diderot qu'il exprime, il me semble de mémoire dans deux de ses livres, « Jacques le Fataliste » et « Le neveu de Rameau », mais comme disait Goethe : « Il n'est rien de sensé qui n'ait été déjà pensé, on doit seulement tâcher de le penser encore une fois. »

Texte :

Pour commencer, une petite citation : « Si le bien plaisait, si le mal déplaisait, il n'y aurait ni morale, ni bien ni mal » Paul Valéry. Seulement le mal est parfois bien plaisant et le bien si ennuyeux !

La morale se décompose en trois parties : la moralité, l'immoralité et l'amoralité.
Pour distinguer ces trois parties, faisons un bout de route en nous inspirant de Denis Diderot. Nous sommes au XVIIIe siècle. À cette époque, les livres sont si précieux et si rares, que pour posséder les textes, il est fréquent de les emprunter pour les recopier.
Un jour, un philosophe rencontre un homme haut en couleur. Il a l'œil vif et malicieux de ceux qui n'ont pas les deux pieds dans le même sabot. Il est à la fois musicien et coursier, saltimbanque et majordome, cultivé et homme à tout faire. Il n'est pas déplaisant et le philosophe prend le goût de converser avec lui. Dans le fil des propos, il lui confie être à la recherche d'un livre. Et l'homme lui répond qu'il peut se le procurer sans problème et qu'il lui remettra le lendemain. Il tient parole. Le philosophe quelques temps plus tard sollicite à nouveau l'homme pour les mêmes raisons. Et le lendemain il procure à nouveau le livre tant désiré. Des jours passent, puis le philosophe demande une nouvelle fois à l'homme de lui procurer un ouvrage. Il lui répond cette fois qu'il ne pourra pas parce que son maître vient de décéder. Alors le philosophe comprend et lui dit :

« Ne me dites pas que vous preniez ces livres dans la bibliothèque de votre maître pour me les apporter ? »

« Si fait, » lui rétorqua-t-il.

« Mais c'est du vol ! » s'exclama le philosophe.

« Pas du tout, je n'ai fait que déplacer ces livres d'un endroit où ils ne servaient à rien, à un autre endroit où ils seront utiles. »

Voilà l'histoire.

Pour le philosophe c'est du vol, donc immoral. Pour l'homme, tout est bien, donc moral. Et pour nous, l'on peut penser à un acte en dehors de la morale, c'est-à-dire amoral, ce qui n'est à mon avis pas forcément moins bien.

La morale est une question de point de vue. D'autre part, la morale est un ensemble de valeurs individuelles et collectives, et selon les individus, les sociétés, l'époque, les lieux, les religions et autres facteurs, la morale sera plutôt ceci ou cela. Il est à noter que ce qui était permis dans le passé devient parfois illégal et à contrario ce qui était douloureusement puni est maintenant monnaie courante. Force est de constater que tout change.

Sénèque pensait que le mieux était de respecter les lois du pays où l'on se trouve et les mœurs de son époque.

Voilà.

24. Et si l'intention prévalait sur l'acte...

Présentation :

Comment être sûr de la valeur d'un acte ? À l'instar de l'école sceptique qui suspend le jugement pour aller vers la compréhension, nous verrons par ce texte qu'il vaut mieux apprendre à observer, afin de ne pas parler trop vite.

Texte :

L'on pense souvent qu'un acte est bon ou mauvais, l'on juge même des personnes selon leurs actes. Je ne suis pas sûr que cela soit toujours judicieux. Imaginons qu'un manipulateur ait dans l'idée d'obtenir de nous quelques avantages pécuniaires. Il devra pour arriver à ses fins nous séduire. Il sera sans doute à nos petits soins, redoublant d'attentions, de gentillesse, se rendant indispensable. Le but pour lui étant de nous amadouer, nous mettre dans sa poche. À tel point que si le destin faisait en sorte qu'il lui arrive malheur, nous en serions profondément peiné, et que si son décès survenait, nous aurions bien du mal à nous en remettre. Ce serait une très grande perte, un tel ami ! Mais pensons notre manipulateur bien vivant.
Nous sommes sous son charme, nous le sentons pleinement rallié à notre cause, et c'est maintenant que l'escroc va agir. Nous comprendrons plus tard, à nos dépens, que tout ce déploiement de bienfaits n'était que pour mieux atteindre son objectif crapuleux.
Les actes de notre manipulateur étaient bons en eux même, et nous nous rappelons ce charme et cette séduction qu'il exerçait sur nous. Nous nous apercevons que finalement, ces actes bons en eux même, sont désormais et à jamais, à cause de l'intention qui les a générés, totalement mauvais.
Mais le contraire fonctionne aussi. Je me rappelle mon père me raconter l'histoire suivante.
Un homme, tombé malgré lui dans le Rhône, était en train de se noyer. Mon père et quelques amis qui passaient par là virent la scène. L'un d'eux saute à l'eau pour le ramener sur la berge. Mais rien à

faire, il se débat, bougeant dans tous les sens, il est pris d'une peur panique qui empêche le sauveteur d'agir. Alors, en désespoir de cause et pour son bien, l'ami de mon père assène un bon coup de poing à ce pauvre homme et l'étourdit. Et de cette façon, il put être ramené sur la terre ferme et sauvé.

Nous savons tous que frapper quelqu'un n'est pas ce qu'il y a de mieux, n'est-ce pas ? Et pourtant nous ne pouvons que constater, que si cet acte en lui-même est fondamentalement exécrable, l'intention, elle, est sans nul doute la meilleure qui soit.

Ne jugeons pas trop vite nos concitoyens sur leurs actes, attendons que les fruits soient mûrs pour dire s'ils sont bons.

Voilà.

25. Et si morale et philosophie étaient distinctes...

Présentation :

Dire que la morale est une bonne chose, c'est penser qu'il n'y en a qu'une. Or, chaque société et chaque idéologie nous dispensent les leurs. Ainsi donc vaut-il mieux être dans la réflexion plutôt que dans la soumission aux règles établies.

Texte :

Plusieurs fois, des personnes m'ont dit ne pas aimer la philosophie car elles en avaient assez qu'on leur fasse la morale. C'est dire comme on peut parler de ce que l'on ne connaît pas !
Pourtant, si le philosophe nous dit ce qu'est la morale et les conséquences de son emploi, celui qui se sert d'elle pour montrer ce qu'il pense être bien n'est pas philosophe mais moralisateur.
Nietzsche n'avait pas beaucoup d'estime pour ces gens-là. Il donnait à la morale chrétienne le nom de « moraline », ce qui était évidemment péjoratif. Nietzsche n'avait aucune bienveillance pour les injonctions telles que : « il faut, » « tu dois ».
Cependant, il est vrai que le philosophe montre parfois le chemin, mais il s'agit là moins de commandements que de propositions.

Ne confondons pas moralisateur avec moraliste. Nous avons en France quelques moralistes témoins des mœurs de leur temps, ce sont, pour en citer quelques uns, La Rochefoucauld, La Bruyère, Jean de La Fontaine, Blaise Pascal.
Ce dernier nous dit : « la vraie morale se moque de la morale. » Et Jean-Jacques Rousseau : « l'honnête homme n'a pas besoin de lire les ouvrages des philosophes pour juger du juste et de l'injuste ».
Il me semble que cette phrase parle d'elle-même. Il suffit normalement d'un peu de bon sens pour éviter de faire ce que plus tard l'on pourrait se reprocher. Cependant, si le mal est assez distinguable, le bien l'est à mon avis beaucoup moins. On ne sait jamais vraiment si l'on fait le bien. Par exemple, si vous donnez de

l'argent à un mendiant, vous ne pouvez savoir si celui-ci sera utilisé à de bonnes fins. Toujours un doute subsistera. Par contre, si vous vous emparez de sa casquette posée sur le sol pour récolter les pièces que les passants lui donnent, et que vous partez en courant avec, il me semble que là, il n'y a aucun doute, vous commettez un acte que l'on peut qualifier de répréhensible.

La philosophie nous montre en nous donnant des éléments de réflexions quelles attitudes choisir, en nous laissant penser par nous-même. Alors que la morale, bien souvent, est une multitude de « il faut » et de « tu dois » qui soumettent l'individu.
Lorsque quelqu'un prétend nous dire ce qu'il est bon pour nous de faire, fuyons. Il me semble qu'il est plus sage d'être dans une démarche de compréhension plutôt qu'une soumission à des règles préétablies.
Mais il n'est pas toujours facile d'entrer en philosophie.

Voilà.

26. Et si la perfection était de ce monde...

Présentation :

Ne nous mettons plus de barrières. Il est temps d'envisager la perfection comme possible. Mais peut-être que finalement, cet idéal est à double tranchant.

Texte :

La perfection n'est pas de ce monde. Nous avons entendu cela, et pas qu'une seule fois . L'être humain est imparfait, je vous le concède, mais c'est justement grâce à cela que nous sommes perfectibles. Mais les hommes font partie du monde, et ce n'est pas parce qu'ils sont imparfaits que toutes choses devraient l'être. Je vous fais remarquer ici que c'est son imperfection même qui donne à l'homme la possibilité de se parfaire. Alors que la perfection signe en quelque sorte l'arrêt d'un devenir meilleur.

Il semblerait que les mots parfait et perfection n'ont pas tout à fait la même signification. Nous allons voir le parfait à l'aide d'une idée aristotélicienne que je vais mettre sous la forme d'une histoire.
Imaginons que vous fassiez un bon plat, une cuisine sur laquelle l'on va juger vos talents. Autant vous dire que vous vous appliquez. Tout d'abord, vous faites selon la recette, et puis vous apportez tout de même la touche qui fera que nul autre au monde ne peut cuisiner comme vous. Mais quel est le signal qui vous dira que votre plat est terminé ? Hé bien en fait, cela est très simple à comprendre. Lorsque vous pensez avoir terminé, posez-vous la question suivante : puis-je ajouter quelque chose à mon plat, une épice par exemple ou un légume ou du sel etc... Posez-vous aussi cette question : dois-je enlever quelque chose à mon plat ? Lorsque vous aurez la quasi-certitude que si vous ajoutez ou enlevez quelque chose à votre plat, vous allez vers le moins, moins bon, moins joli, moins appétissant, ne touchez plus à rien, il n'y a pas de doute, voilà le parfait.

Mais, me direz-vous, qu'en est-il de la perfection ? La perfection n'est pas de ce monde, disions-nous. Nous allons voir qu'en fait, elle est encore plus facile à comprendre que le parfait. La perfection, c'est tout simplement la répétition du parfait. C'est-à-dire, si nous restons sur notre exemple culinaire, que si vous faîtes non pas un plat parfait mais trois, quatre, dix, cette répétition du parfait fait que vous êtes dans ce que l'on appelle la perfection.

J'aurais pu prendre un autre objet pour notre réflexion, un poème ou un haïku ou un tableau.

Personnellement, je ne suis pas certain que le parfait ou la perfection soient à rechercher, si ce n'est en matière de sécurité.

Je pense que la véritable perfection réside dans l'imperfection. La chose parfaite est condamnée, ne pouvant s'améliorer, à se dégrader et à mourir. Je préfère quelque défaut, cela nous laisse au moins l'illusion d'une possible amélioration, voire d'un changement, d'un renouveau, comme une chance remise toujours sur le tapis de jeu du monde.

Voilà.

27. Et si l'indifférence permettait la générosité...

Présentation :

À l'occasion de la préparation d'une conférence sur l'indifférence, je me suis aperçu qu'elle souffrait d'idées négatives. Elle est en fait bénéfique en plusieurs points, j'en livre un ici qui est la générosité.

Texte :

Je mangeais avec mon ami Gunnar ; il est Norvégien et docteur en philosophie éthique.
Je lui dis : « je vais faire une conférence sur l'indifférence, connais-tu ce mot ? » Il me répondit : « n'est-ce pas l'absence de différence entre deux objets ? »
J'ai été surpris par cette réponse, mais il est assurément vrai que deux fourchettes identiques en tous points sont indifférentes. Ceci est une très bonne définition, mais ce n'est pas la première qui viendrait à l'esprit d'un Français. Pour nous, l'indifférence serait un manque d'attention à l'autre. Une sorte de « cause toujours, tu m'intéresses ! » L'indifférence est parfois comprise, ressentie comme du mépris. Moi, je la pense comme plutôt neutre. Une sorte de détachement dans la constance, mais constance pris dans le sens psychologique du terme. C'est à dire la régularité de l'acception, une pomme reste une pomme même si elle est coupée, pelée, cuite ou crue. Ce qui permet de ne pas confondre les pièces en chocolats enveloppées de papier doré de notre enfance avec des Louis d'or.

L'indifférence permet beaucoup de choses, et en particulier la générosité. Elle clarifie le geste de donner. On pense que donner c'est être généreux. Pas toujours, donner peut aussi être un calcul.
Mais quittons la vilenie. Il vous est sans doute arrivé de donner une pièce à une personne qui faisait la manche. Une personne qui vous était totalement inconnue, donc indifférente, une personne comme une autre mais qui cependant, avait tout simplement besoin de votre pièce. Eh bien, si vous la lui donnez cette pièce, vous faites là un acte

de générosité. Vous ne connaissez pas cet individu et vous donnez, vous êtes généreux.

Par contre, si vous donnez une pièce à quelqu'un qui ne vous est pas indifférent, quelqu'un de votre famille, par exemple, un enfant ou un petit enfant, là ce n'est plus de la générosité mais de l'amour. Il y a une nuance de taille, on pourrait dire qu'en ce sens, l'amour est plus facile et moins grand que la générosité.

Donner, c'est de l'amour lorsque l'indifférence pour la personne à qui vous donnez est absente. Et c'est de la générosité quand l'indifférence est présente.

Il est curieux de constater que ce même geste qui est de donner, va prendre une forme ou une autre selon la personne à qui il est adressé, personne indifférente ou personne proche.

Voilà.

28. Et si demander pourquoi était une solution...

Présentation :

Il ne faudrait jamais tirer de conclusions hâtives, surtout sans poser la question pourquoi. Croire que l'on peut se rendre compte aisément de ce que pense l'autre sans avoir son avis nous pousse dans de méchants quiproquos.

Texte :

Il me semble que si nous demandions pourquoi, nous aurions moins de difficulté à nous comprendre. Demander pourquoi, c'est faire un pied de nez à l'ignorance. Cela permet de ne pas rester dans l'incompréhension, ou pire dans l'erreur.

Pour vous démontrer cela, je vous propose la scène suivante.
Vous recevez un invité. Vous avez fait de votre mieux pour que tout soit impeccable. Vous avez préparé vous-même pour l'apéritif des petits toasts, un plat à la tapenade et un autre à la brandade. Évidemment, vous avez fait tout cela avec amour et grand soin. Vous avez les deux plats en mains et vous demandez à votre invité par quoi il veut commencer, afin de lui tendre le bon plat. Et votre hôte vous répond : « peu importe, cela m'indiffère ».
Vue la peine que vous vous êtes donnée, vous pourriez fort mal prendre cette réflexion. Ne pas lui demander pourquoi risque à jamais de vous laisser un goût amer.
Si vous êtes indifférent et que cela vous passe au-dessus de la tête, tant mieux. Sinon, je ne peux que vous conseiller de poser à votre invité la question chère au philosophe : « pourquoi ? »
Et là, au moins trois possibilités de réponse.
La première, celle d'un rustre. « De toutes façons, tout est mauvais, tapenade ou brandade, quelle horreur ! » Vous êtes désormais au courant. La vérité n'est pas toujours agréable.
La deuxième possibilité de réponse est celle-ci. « Non mais c'est parce que je ne connais ni l'un ni l'autre, alors cela m'indiffère de

goûter en premier ceux-ci plutôt que ceux-là. » Votre invité est en difficulté de faire un choix, et vous, vous êtes content de lui faire découvrir quelque chose.

Et voilà la troisième possibilité de réponse, sans doute la plus jolie. « Cela m'indiffère de commencer par l'un ou l'autre, car j'aime autant la tapenade que la brandade. Et puisque c'est toi qui les as faits, cela ne peut être que délicieux ».

Cela met en lumière que ce que l'on peut prendre pour une méchante indifférence, peut tout aussi bien être, une fois formulé, le plus beau des compliments.

Attention à nos perceptions, le ressenti de l'autre n'est pratiquement jamais comme l'on pense qu'il est ou comme l'on voudrait qu'il soit. Les apparences sont trompeuses, et vouloir comprendre sans poser de questions, et en pensant pour l'autre, c'est se condamner à l'ignorance.

Voilà.

29. Et si les noms d'oiseaux ne nous touchaient plus...

Présentation :

Je donne quelques outils pour ne plus avoir à souffrir de ce que peuvent dire sur nous les personnes mal intentionnées que nous avons rencontrées, rencontrons, ou rencontrerons.

Texte :

Vous avez sûrement un jour été insulté, injurié, calomnié. Cela vous a marqué, vous vous en souvenez encore. Comment faire pour que ça ne vous atteigne plus ? Voilà quelques éléments de réponse.

Une personne vous insulte, pourquoi pas, après tout c'est ce qu'elle pense, elle a le droit de penser ce qu'elle veut. Mais dites vous que sa pensée est personnelle et qu'une autre pourrait penser autrement qu'elle. Ce que cette personne dit, ce n'est pas ce que vous êtes mais l'idée qu'elle a de vous. Elle se trompe, voilà qui peut vous rassurer.
Pensons que ce qui nous fait mal, ce n'est pas l'insulte elle-même, c'est comment nous la recevons. Si cela vous blesse, vous touche, votre ressenti ne sera pas le même que si cela vous indiffère.

Maintenant, prenons un exemple de physique appliquée. Si vous donnez un coup de poing dans un mur, ça fait mal. Par contre, le même coup dans une feuille de papier ne vous blessera pas. Un mur et une feuille de papier n'ont pas du tout la même réaction. Ce n'est pas l'action de donner un coup de poing qui fait mal, c'est la réaction de l'objet qui le reçoit. Alors ne mettez plus un écran de papier pour vous protéger des insultes, mettez un mur. Au pire, les insultes glisseront dessus, au mieux elles seront renvoyées à l'expéditeur. La réaction est proportionnelle à votre indifférence.

Un jour à la radio, j'entends l'animateur demander à l'invité : « Que pensez-vous de ceux qui disent du mal de vous dans votre dos ? » Il eut comme réponse : « Ceux qui parlent dans mon dos parlent à mon derrière ».

Maintenant, je vous propose une pensée orientale. Des collègues veulent vous offrir un cadeau. Ils se sont cotisés, l'ont acheté et vous le destinent. Pour une raison x vous ne pouvez l'accepter, vous le refusez, bien sûr avec toute la délicatesse qui convient. Ce cadeau, puisque vous n'en voulez pas, appartient donc à ceux qui l'ont acheté. Maintenant, imaginez que quelqu'un se mette à vous insulter, injurier, vous traite de tous les noms. Eh bien, de même que le cadeau appartient à vos collègues, tous ces noms d'oiseaux appartiennent à ce quelqu'un, ne les prenez pas, laissez les lui.
Je trouve cette pensée orientale magnifique, elle a à mon avis deux qualités, la simplicité et la vérité.
L'indifférence comme un détachement, comme une vertu, comme la protection contre ceux qui vous jugent en proférant l'idée fausse qu'ils ont de vous.

Voilà.

30. Et si l'indifférence était son propre remède...

Présentation :

L'indifférence a mauvaise presse, après avoir lu ces lignes, vous n'aurez plus tout à fait le même avis sur elle. Sa réhabilitation nous permet de mieux comprendre les mécanismes qui légitiment son utilité.

Texte :

Nous allons voir que l'intensité de l'indifférence est proportionnelle à la distance séparant le sujet indifférent de l'objet perçu. Ou dit plus simplement, plus c'est loin, plus on s'en fiche !
Ce qui ne nous touche pas directement, ce qui se trouve plutôt loin, ce qui ne nous inquiète pas vraiment, parce que hors de portée, tout cela nous laisse en quelque sorte flotter en une quiétude naïve.

Il est huit heures, Mr Durand met sa radio. Il frémit en entendant qu'en Asie un tremblement de terre a détruit dans sa quasi-totalité une ville moyenne. Il y a beaucoup de victimes et des équipes sont déjà à la recherche d'éventuels survivants. Puis le commentateur donne les numéros du loto et Mr Durand peste parce qu'il a oublié de jouer. Force est de constater que ce qui est loin ne nous touche pas autant que ce qui est près.
Le même jour, le fils de Mr Durand rentre de l'école avec un mot du directeur, sans nul doute, les pauvres Chinois perdront encore de leur intérêt à ses yeux. On pourrait penser que Mr Durand n'a pas de cœur, il n'en est rien évidemment, nous ne pouvons pas être toujours touchés à cent pour cent par toutes les horreurs de ce monde.

Cette indifférence partielle agit comme une protection. Il me semble que si nous étions hyper sensibles, nous ne pourrions pas vivre. C'est l'insupportable massacre des Juifs par les Nazis qui fit que Stéphane Zweig se suicida. S'il avait été comme Mr Durand, il nous aurait sans doute écrit encore quelques très beaux livres. Si nous étions touchés en permanence par les injustices, les misères, les malheurs, nos jours seraient invivables. Il me semble que l'hyper sensibilité est incompatible avec la vie et entraîne à moyen terme la destruction de celui qui en est affecté.

Et l'insensibilité totale me direz-vous ? Cela existe et même porte un nom, c'est l'adiaphorie, l'indifférence absolue, une pierre à la place du cœur. Je vous laisse présager de ce qui peut en résulter.
L'on voit ici que l'indifférence absolue et que l'absence totale d'indifférence vont dans les deux cas générer des situations négatives. Finalement, l'indifférence qui nous protège de ce qui se passe au loin est le juste milieu entre l'indifférence totale et l'hypersensibilité.

Ne soyons pas intolérants avec l'indifférence, nous pouvons la penser comme utile, et même vertueuse.

Voilà.

31. Et si nous suspendions notre jugement...

Présentation :

De toutes les philosophies, le scepticisme est celle qui reflète le mieux le désir insatisfait de trouver la vérité, celle aussi qui exprime le mieux la capacité à se poser et à réfléchir pour s'approcher au plus près du réel.

Texte :

Dans ce monde actuel où tous pensent détenir la vérité, où dire que l'on doute semble interdit, où celui qui juge passe pour celui qui sait, je vous invite à rencontrer la philosophie des sceptiques.

Les sceptiques ont compris que le réel est inaccessible, et que nous sommes dans une réalité, donc une vérité relative. Les sceptiques, Pyrrhon, né en 360 avant J.C, et Sextus Empiricus, né en 160 après J.C , pour en citer deux, pensent que rien n'est sûr, parce que nos sens et nos dire ne sont pas toujours en concordance.

Prenons la vue et le toucher, regardons la couverture d'un magazine, la photo d'une artiste de cinéma. Nous la voyons en trois dimensions et nous pouvons juger du galbe de ses hanches, ainsi que de la longueur de ses cils, nous apprécions ses formes. Nous utilisons là comme sens la vue. Mais si nous passons les doigts sur le papier glacé, nous n'y sentirons que du plat. Alors qui a raison, les yeux ou les doigts ?
Ceci est un exemple simple pour montrer que le manque de concordance entre les sens démontre bien l'idée que rien n'est sûr en ce monde. De même pour le fromage à l'odeur très forte mais qui n'a pas de saveur, l'odorat et le goût ne semblent pas d'accord. Nos sens, comme les apparences nous trompent. Pour le même objet, les avis diffèrent, rien n'est sûr, tout ce que l'on peut dire c'est que l'on ne peut rien dire de tout.

Le sceptique se refuse donc à juger, il suspend son jugement, ce qui a pour nom épochè et cela lui permet d'aller plus en avant dans une compréhension, une recherche de la vérité. Cela évite de juger trop vite, sans comprendre, car juger c'est ne pas comprendre. Quand on comprend les causes, les effets et donc la causalité, la responsabilité s'efface. Mais pour s'exercer, la justice a besoin de la responsabilité, et de penser que nous sommes libres de nos actes.

La philosophie des sceptiques est la philosophie même. Considérer que rien n'est sûr, c'est se donner la possibilité d'examiner en profondeur l'objet de nos interrogations.

Juger du bien et du mal, du bon et du mauvais, du pertinent ou du non pertinent, du beau ou du laid, du raisonnable ou de l'irraisonnable, de ce que l'on peut permettre ou interdire, et l'on pourrait continuer cette liste. Cela mérite étude, réflexion et une saine intelligence qui ne saurait s'exprimer dans la précipitation. Notre époque est parsemée de décisions hâtives, prises à l'emporte-pièce, cela pourtant ne dépendrait que de nous de mettre un peu de sagesse dans la perception de ce qui nous entoure.

Voilà.

32. Et si nous étions l'autre...

Présentation :

Nous sommes indispensables, irremplaçables, uniques, après nous le déluge. Mais que peut-on dire de l'autre, n'est-il pas, pareillement à nous, le seul, le meilleur, l'ultime ? L'autre serait-il autant que nous ?

Texte :

Dans le livre « Le banquet » de Platon, Aristophane nous instruit d'un mythe. Chaque humain serait issu d'une étrange créature à deux têtes, quatre bras etc.., ensemble mixte homme / femme ou homme / homme et femme / femme. Ces créatures troublent la tranquillité des Dieux et subissent leur courroux. Elles sont séparées en deux. Bon calcul pour les Dieux, qui auront affaibli les créatures tout en multipliant leurs adorateurs. Depuis, nous sommes à la recherche de notre moitié.

L'idée est que l'autre est l'autre moitié de nous, la moitié manquante, et que nous ne sommes un que tant que l'on est deux.
L'altérité, c'est l'autre, c'est la différence. Si l'on dit, l'autre est totalement différent de moi , il n'est pas humain. Je ne sais même pas s'il existe car même avec un arbre, j'ai des points en commun. Si l'autre est totalement ressemblant à moi, c'est moi. Si je dis : l'autre est différent de moi , je pose ma personne comme un modèle, un exemple, un étalon, un paradigme. Mais si je dis : il y a une différence entre l'autre et moi , je place les deux sujets sur un plan d'égalité. C'est-à-dire que l'autre est aussi différent de moi que moi de lui. Étant humain, l'autre me ressemble et je peux dire que ce qu'il y a chez l'autre est aussi chez moi. Il y a donc ressemblances et différences, il y a chez moi une part de l'autre et chez lui une part de moi. L'un est en partie l'autre et l'autre est en partie l'un.

Jean-Paul Sartre dans Huis clos nous dit : « l'enfer c'est les autres ». Donc chacun de nous est constitutif de l'enfer de chacun des autres.

Mais moi, pour l'autre, je suis l'autre. Moi, je suis moi et l'autre c'est l'autre, donc je suis l'autre de l'autre. C'est-à-dire que je suis moi-même et aussi en partie l'autre qui lui, est aussi en partie moi.

L'altérité est une réalité très complexe, elle demande beaucoup d'altruisme, de simplicité, de tranquillité d'esprit. De nos différences peuvent naître ségrégation, racisme, fascisme, esclavage, et toutes sortes de clivage sociétal.
Il me semble que nous ferions mieux de nous aimer à cause de nos ressemblances et d'apprendre de nos différences. Elles sont l'occasion de nous enrichir, plutôt que de nous détester.

Voilà.

33. Et si intelligence et liberté était liées...

Présentation :

Les bienheureux qui pensent que la liberté existe survoleront ces lignes, les autres pourront y trouver le moyen de se fabriquer un destin à leur mesure.

Texte :

Nous savons que l'intelligence existe, même si nous ne pouvons pas vraiment la définir. Pour la liberté, deux camps se confrontent. Ceux qui pensent qu'elle existe, et ceux qui pensent qu'elle n'existe pas. Je vous propose un troisième point de vue.

La liberté a trois obstacles, la causalité, le déterminisme et la nécessité.

La causalité, c'est l'ensemble des causes qui produisent ce qui advient. Ainsi donc votre naissance a une cause, c'est la rencontre de vos géniteurs et leur rencontre a une cause qui a une cause qui a une etc... Vous êtes né sans le vouloir dans un monde qui s'en fiche et vous allez mourir. Il n' y a là aucune liberté !

Le déterminisme n'est pas mieux. Vous n'avez pas choisi d'être femme ou homme, ni d'avoir les yeux bleus ou noisette n'est-ce pas ? Encore une fois, nous voyons qu'il faut une sacrée dose d'optimisme pour se penser libre.

Et puis il y a la nécessité. On entend par nécessité ce qui arrive nécessairement, je vous donne un exemple. Les humains sont des êtres sociaux, donc, vous allez nécessairement rencontrer dans l'année un certain nombre de personnes que vous ne connaissiez pas. Ces personnes peuvent être distinguées par de multiples considérations. Il y a ceux qui vous semblent intéressants, et malheureusement les autres. Nul doute que vous ne vous hasarderez pas à côtoyer volontairement les seconds. Vous aurez machinalement tendance à aller vers les premiers cités. Cela n'est pas un choix de votre part, mais une orientation que vous vous donnez.

En fait, la seule liberté à laquelle nous pouvons prétendre est celle-ci. Se donner la possibilité malgré la prégnance de la causalité d'orienter sa vie, construire au présent son avenir présumé.

La vie est une mer et nous la traversons avec notre bateau. Si vous voulez allez tout droit, il vous faudra composer avec les éléments. Vous ne pouvez décider du calme de la mer ou de la force des vents, il vous faudra faire avec. Tourner la barre à bâbord puis à tribord afin d'orienter le bateau pour qu'il suive au mieux la route que vous vous êtes fixée. Cette orientation que l'on donne à sa vie peut changer considérablement celle-ci.

Nous n'avons aucune liberté si ce n'est cette orientation actée par notre volonté. Cela est appelé l'intelligence de la nécessité.

Et cela ne m'étonne pas vraiment que le peu de liberté qui nous soit accessible soit intimement liée à l'intelligence. Nous pouvons toujours, sur ce qui dépend de nous, agir en orientant le cours des événements.

Voilà.

34. Et si le sentiment océanique ne disparaissait pas toujours...

Présentation :

La plupart des questions philosophiques traitent des rapports que nous avons de nous à nous, de nous aux autres, et de nous au monde, mais qu'en est-il lorsque nous avons le sentiment d'être le monde.

Texte :

Quoi de plus extraordinaire et en même temps de plus banal que la venue au monde d'un bébé. Il vient au monde et reste au monde au moins pendant sa petite enfance, puis est dans le monde, avant d'être si tout va bien dans le monde et au-dessus du monde. C'est-à-dire acteur et observateur du monde. Mais il y a un autre positionnement par rapport au monde dont on parle peu, qui est celui d'être le monde ou du moins d'en avoir le sentiment.

Le petit d'homme à la naissance reçoit le sentiment océanique. C'est le sentiment que notre personne s'étend à tout ce que nous percevons. Ainsi pour le bébé, vous êtes lui, et de même son landau, et le buffet, et la chambre, la porte, le tableau au mur etc... sa personne s'étend à tout ce qui l'entoure. Le bébé est comme expansé, dilaté, par une sorte de joie béate, et le vilain pédiatre avec ses piqûres met fin à ce bienheureux état. À cause de l'expérience de la douleur le sentiment océanique va disparaître.

L'enfant quitte la joie et se ratatine en lui-même pour se défendre de l'agression. Il prend la mesure de son espace corporel et sa peau, frontière entre lui et le monde, limite maintenant sa personne.

Le sentiment océanique disparaîtra petit à petit, à jamais pour une grande majorité d'entre nous mais pas pour tous.

En effet, peut-être vous qui lisez ces lignes avez-vous gardé ce sentiment océanique ! Vous avez souvent des sensations de plénitude. Vous faîtes corps avec le monde, le confondant avec vous. Cette ouverture, cette expansion, cette compénétration à lui et avec lui fait plus que vous relier à lui, le monde est vous, et vous, vous êtes lui.

De fait, chaque chose du monde est une partie de vous. On pourrait penser que si chaque chose du monde est une partie de vous, ces parties ne sont que très peu par rapport à vous qui êtes tout. On pourrait donc penser que la personne possédant ce sentiment océanique se sentirait infiniment supérieure aux autres. Il n'en est rien car l'on ne peut, il me semble, avoir un tel sentiment sans aimer le monde.

Et sans doute les gens ouverts à l'autre, aux autres, altruistes, empreints de compassion, parfois dans des domaines très divers tel que de l'humanitaire à l'art, sont peut-être dotés de ce sentiment océanique, cette joie expansive qui comme un doux cocon enveloppe d'un amour tranquille les cœurs et toutes choses du monde.

Voilà.

35. Et si les apparences n'étaient pas aussi trompeuses qu'on le dit…

Présentation :

Nous pensons tous que les apparences sont trompeuses, nous allons pendant ces quelques lignes tenter d'admettre qu'elles n'y sont pour rien, et que c'est nous qui les interprétons au delà de ce qu'elles peuvent nous dire.

Texte :

Nous pensons tous que les apparences sont trompeuses, auraient-elles une volonté malicieuse à vouloir nous faire prendre les prestidigitateurs pour des magiciens? Saint Thomas nous dit qu'il ne croit que ce qu'il voit, peut-être et cela me semble plus juste, qu'il ne voit que ce qu'il croit.

Dès que nous sommes en présence d'un objet de curiosité, nous ne pouvons nous empêcher d'avoir sur lui une appréciation, un jugement en quelque sorte, même si le mot jugement est ici un peu trop fort. Mais il est certain que nous ne manquons pas d'analyser en premier lieu ce que nous percevons selon quatre catégories, est-ce beau ou laid, bien ou mal, bon ou mauvais et surtout vrai ou faux, et c'est sur ce dernier point que nous nous trompons souvent.
Les apparences sont trompeuses parce qu'elles dépendent de nos affects et aussi de ce que l'on est. Il n'y a pas d'intention en elles à nous induire en erreur.

Prenons un exemple simple, quatre hommes regardent un bel arbre. C'est un grand chêne, majestueux, qui semble se déployer, épanoui, frissonnant d'aise dans le vent d'automne. Ces hommes sont respectivement artiste peintre, bûcheron, écologiste et ébéniste. Je suis bien sûr qu'aucun d'eux ne regarde l'arbre de la même façon. L'apparence de l'arbre n'aura pas la même signification selon celui qui le regarde ; nous modifions l'apparence en fonction de ce que nous sommes.

Elle revêt selon nos inclinations, nos affects, nos percepts, des dimensions différentes. Voilà des bonbons, ils sont de toutes les couleurs, dans une coupelle, posés sur la table, comme une délicate attention. Je suis bien sûr qu'ils vous apparaîtront différemment selon l'intérêt que vous leur portez. Ceux qui aiment les bonbons et ceux qui ne les aiment pas ne les regardent pas de la même façon, n'est-ce pas !

L'affect, les sentiments, les émotions, les sensations en général, vont faire prendre à l'apparence des teintes inhérentes à notre personnalité. L'apparence qui est une, unique, est pour chacun systématiquement modifiée par lui-même et pour lui-même.

Peut-être devrions-nous dire : non, les apparences ne sont pas trompeuses, elles sont sans intentions, sans finalités, sans concepts, sans intérêts, sans pourquoi. Cessons de voir les choses comme on voudrait qu'elles soient, essayons d'être au plus près de ce qu'elles sont.

Voilà.

36. Et si en elle-même la mer n'existait pas...

Présentation :

Ce que nous voyons est-il vrai ? En être sûr, c'est ne pas tenir compte des mirages, hallucinations, imaginations, représentations. C'est aussi avoir la faiblesse de limiter le monde à notre perception d'humain, ne le considérant que par rapport à nous, à notre réalité et non pas en lui-même qui est le réel.

Texte :

Il suffit de lever la tête pour voir les nuages. Ils ont des formes, des couleurs, des volumes différents. Les nuages existent-il vraiment ? Le nuage en lui-même n'est plus un nuage. Il est en son cœur une multitude d'éléments. Des gouttelettes d'eau, de la vapeur, de l'électricité, des courants d'air, de l'énergie, et tout cela en mouvement. Le nuage est nuage par notre perception, en lui-même il est un processus, une succession d'évènements. C'est cette succession d'évènements qui fait le nuage.

Il en est de même pour une vague. En elle-même, la vague est un processus, ce sont des milliards de gouttelettes d'eau qui subissent des attractions diverses, celles de la terre, de la lune, des courants, et entres elles. C'est un processus, une succession d'évènements qui forment la vague, et bien entendu la mer. Nous pouvons nous poser la question, la mer existe-t-elle réellement ? Et la réponse possible est : la mer en elle-même n'existe pas, c'est une succession d'évènements. Ce que nous voyons et que nous appelons la mer est l'image permise par notre perception d'humain.

Mais me direz-vous, les nuages et la mer sont des fluides, qu'en est-il d'un caillou par exemple, d'une pierre ? Eh bien, si l'on va au cœur de la pierre, là où la matière ne peut s'observer qu'avec des appareils nanométriques, on découvre un étonnant spectacle. Les vagues du nuage, comme celles de la mer, se retrouvent aussi dans notre caillou, notre pierre. On est bien obligé de constater que dans le réel, les choses ne sont plus les choses mais une succession d'évènements.

À l'échelle quantique, c'est-à-dire au milliardième, le monde devient un brouillard de particules, une organisation chorégraphique où le mouvement en danse ondulatoire forme ce qu'à notre échelle nous pouvons percevoir.

Peut-être que le chanteur musicien Art Mengo ne s'imagine pas à quel point il a raison en nous disant que la mer n'existe pas. Les physiciens quantiques et les philosophes apportent leur assentiment à ce qui pourrait passer pour une fantaisie de poète.
Le réel nous est inaccessible et le peu qui nous en parvient par la science, la réflexion et la poésie est toujours une source d'étonnement, c'est-à-dire la philosophie même.

Voilà.

37. Et si notre expérience était incommunicable...

Présentation :

Ce texte pose trois questions. La première est celle de la transmission en général, la deuxième est celle de la possibilité de transmettre une expérience, et la troisième montre les limites du langage.

Texte :

Nous connaissons bien ce « conflit » entre générations qui est de tenter pour les vieux de transmettre leurs expériences aux plus jeunes, et pour les jeunes de dire qu'ils préfèrent faire leurs propres expériences. Ce que toutefois nous pouvons comprendre.

Confucius nous dit : « l'expérience est une lanterne attachée dans notre dos qui n'éclaire que le chemin parcouru ». On comprend toute la difficulté de la transmission. C'est à se poser la question, le langage sert-il à quelque chose ?

J'ai moi-même tenté l'expérience suivante. Lors de l'un de mes ateliers, j'ai demandé à ceux qui savaient ce qu'est un thé pu erh de le décrire à ceux qui n'en connaissait même pas le nom. Description de la couleur, de la saveur, de l'odeur, des sensations, et toutes autres formes d'effets se rattachant à ce produit. Force nous a été de constater qu'à part qu'il s'agit d'un liquide consommé généralement chaud, les personnes ne connaissant pas cette boisson n'ont pas été plus avancées que cela. Chez ceux qui connaissaient, leurs appréciations allaient du délicieux au très mauvais en passant par l'étonnant et bien sûr l'indicible.
Mais pourquoi sommes-nous incapables de décrire à l'autre une chose aussi simple qu'une tasse de thé ? Et pourquoi autant d'avis différents ? Tout simplement parce que le thé en lui-même n'a pas de goût. Il n'a que le goût qu'on lui prête. Le réel, c'est la composition chimique de ce thé, ma réalité, ce sont les sensations, voire l'émotion que ce thé va révéler en moi. Le goût du thé est propre à chacun de

nous, s'il est bon c'est parce que je trouve qu'il est bon, un autre que moi le trouvera sûrement très bon ou alors peut être imbuvable. Le thé en lui-même n'est qu'une association de molécules comestibles, son goût n'est autre que le nôtre propre.

Ce sont mes sens qui sont à l'origine des perceptions, c'est encore moi qui détermine du bon ou du mauvais. Les connexions se font dès la sollicitation de mes sens jusqu'à la raison qui, elle, va en quelque sorte valider comme bon ou mauvais le susdit thé pu erh.

Il faut comprendre que les choses n'ont que le goût qu'on leur prête. Qu'en ce sens nous sommes des créateurs. Nous ne cessons de créer le monde. Pour moi, le goût de ce thé est issu d'une création personnelle qui est de moi et qui est moi. Il faut goûter pour connaître, et les mots ne sentent rien, n'ont pas de saveur, ni de couleurs etc.., alors comment faire pour communiquer son expérience ?

Certains comme moi font de la philosophie et savent que parfois les réponses se trouvent dans les chansons.

« Mais au bout du compte
  on se rend compte
  qu'on est toujours tout seul au monde. »

Voilà.

38. Et si nous distinguions l'expérience esthétique de l'émotion esthétique…

Présentation :

Nous avons tous entendu parler d'émotion esthétique, nous l'avons peut-être vécue sans le savoir, nous l'avons sans doute confondue avec l'expérience esthétique. Je tente par ce texte de mettre un peu d'ordre entre l'expérience et l'émotion en proposant de remplacer le terme émotion esthétique par émoi esthétique.

Texte :

Que nous ayons des émotions lors d'une expérience esthétique, nul ne peut en douter. Quelle différence peut-on faire alors entre l'expérience et l'émotion ?

Mettre des personnes devant une œuvre d'art et leur faire l'apprentissage culturel du beau, c'est leur faire acquérir cette expérience. Évidemment les émotions sont là, mais pas vraiment en premier plan, elles se conjuguent avec l'analyse de l'œuvre.
L'émotion esthétique, elle, se passe de l'analyse, de l'expérience, du décorticage du beau.
Pour mieux distinguer l'expérience de l'émotion esthétique, certains nomment cette dernière le sentiment esthétique. Ce à quoi je n'adhère pas, préférant proposer pour plus de clarté, le terme d'émoi esthétique que je trouve plus approprié.

Des quatre valeurs suivantes, le bon, le bien, le beau, le vrai, seul le beau est sans critères. Le bon correspond à des critères de sensualité et de sensibilité, le bien à des critères moraux, le vrai à des critères de justice et de justesse, seul le beau est sans pourquoi.
Je vous donne un exemple : supposons que vous n'aimiez pas les natures mortes. Vous vous promenez au hasard des rues et vous tombez sur une exposition de peinture. Vous entrez pour y admirer les tableaux. Et devant une nature morte vous avez une sorte de

flash, un émerveillement irrépressible. Devant une nature morte ! Vous ne l'auriez jamais cru. Que se passe-t-il ? Le tableau est sans pourquoi, il est beau parce qu'il est beau, cela vous atteint malgré vous, malgré vos goûts, comme une fulgurance, c'est cela l'émotion esthétique. Il n'y a pas d'analyse, d'expérience, c'est une émotion qui vous saisit. Le tableau est perçu par les sens, l'information arrive à la conscience qui la transmet à la raison. Et la raison n'en veut pas parce qu'il n'est pas raisonnable d'aimer ce que l'on n'aime pas. Alors la raison renvoie le message aux sens qui transmettent à la conscience, et ainsi de suite en boucle. Vous admirez le tableau, il vous fascine, vous ne pouvez vous en détacher.

Profitez bien, vous êtes en pleine émotion esthétique, ou devrais-je dire si je m'écoute, en plein émoi esthétique.

La peinture n'est pas seule à pouvoir vous faire accéder à cet état. Tous les arts en sont capables ainsi que tout objet non artistique.

Et bien des Dames et des Messieurs ont ressenti cela en prenant pour un coup de foudre ce qui était en fait, et ce n'est pas plus mal, un émoi esthétique.

Voilà.

39. Et si nous voyions le monde dans son passé...

Présentation :

Nous vivons dans un espace-temps. Je suis toujours là où je me trouve et je vis toujours au présent. Mais celui qui m'observe n'est jamais là où exactement je suis et me perçoit toujours dans mon passé. Si vous ne comprenez pas, c'est normal, lisez les lignes qui suivent.

Texte :

Je vais vous entretenir d'un phénomène étonnant assez difficile à concevoir et pourtant bien réel. Lorsque nous regardons un objet , ou une personne, nous le voyons toujours dans notre présent, ceci est j'en conviens une lapalissade, mais ce qui est stupéfiant, c'est que nous les voyons toujours dans leur passé. Ce n'est pas facile à concevoir n'est-ce pas ! Alors, comment admettre cela ?
Charge m'est faite de trouver un exemple pour expliquer cet étrange phénomène.

Vous vous promenez la nuit, dans la campagne, la tête en l'air, les yeux dans les étoiles. Votre regard se fixe sur deux d'entre elles qui scintillent particulièrement. Elles sont côte à côte et vous les embrassez du regard. On pourrait dire que vous les voyez en même temps ; nous allons comprendre que cette affirmation est fausse, et en voilà la raison.
L'une d'elles se trouve éloignée de la terre de cinq années-lumière, c'est-à-dire que l'image de cette étoile a voyagé dans l'espace à la vitesse de 300 000 km/s pendant cinq ans pour vous parvenir. Vous voyez donc l'étoile comme elle était il y a cinq ans. L'autre étoile se trouve à sept années-lumière de la terre. Vous la voyez donc comme elle était il y a sept ans. L'étonnant est que vous regardez ces deux étoiles dans un moment présent, que vous les regardez toutes les deux ensemble, mais que vous les voyez dans leur passé, et pas en même temps puisqu'elles sont à des distances différentes. Si elles

explosaient ensemble, vous ne vous en apercevriez que cinq ans plus tard pour l'une et sept ans plus tard pour l'autre.

Il en va aussi ainsi pour notre monde proche. Évidemment la maison ou l'immeuble que vous regardez ne se trouvent pas comme les étoiles à des années-lumière, mais souffrent tout de même d'un décalage que l'on peut mesurer en nano secondes. Toute chose que nous regardons est vue dans son passé. Cela est infime mais néanmoins réel. Nous n'en sommes point troublés car notre cerveau n'est pas fait pour réagir à des nano secondes.
Le phénomène est plus sensible avec le son. Placez un ami à trois cent mètres de vous, dites-lui de crier le mot hippopotame, vous commencerez à entendre la première syllabe lorsqu'il aura fini de prononcer la dernière.

Nous ne voyons et entendons que le passé du monde, comment dans cette course au devenir, pouvons-nous nous fier encore aux apparences !

Voilà.

40. Et si nous vivions au présent...

Présentation :

Au lieu de méditer, je vous donne par ce conseil gourmand le moyen de penser l'instant présent pour le vivre pleinement.

Texte :

Cela est si difficile à faire que pour certains, vivre au présent passe pour un idéal. Les marchands de méditation avec leur fabrique d'esprits évidés ont changé de cap. Ils prônent maintenant la méditation de pleine conscience. C'est-à-dire, vous vous fixez sur votre respiration tout en étant attentif aux bruits extérieurs. Par exemple, l'écoute du chat du voisinage qui gratte dans vos rosiers après avoir fait son dépôt de bilan, ou les bruits imbuvables de votre infatigable bricoleur de voisin. Cela n'est pas vraiment fun me semble-t-il !

Je vais donc vous proposer une méthode plus concrète. Attention les gourmands, voilà la méthode de la dégustation des petits gâteaux.
Vous avez acheté deux petites pâtisseries, un chou à la crème chantilly et un au chocolat. Voilà ce qui pourrait vous arriver. Vous commencez par le chou à la chantilly tout en regardant avec envie le chou au chocolat. Comme il vous semble bon, vous vous régalez d'avance du plaisir que vous allez vivre en mordant tout à l'heure dans cette friandise chocolatée. De fait, vous n'êtes pas en condition pour apprécier votre chou à la chantilly, que d'ailleurs vous venez d'engloutir. Vous saisissez maintenant le chou au chocolat et mordez dedans à pleines dents. Et finalement, vous trouvez que le chou à la chantilly était meilleur, et c'est avec un peu de regret que vous terminez votre chou au chocolat.
Je pense que vous avez compris, point n'est trop besoin d'analyser la situation. Lorsque vous mangiez le chou à la chantilly, votre esprit était dans le futur, dans la gourmande projection du chou chocolaté à venir. Et lorsqu'enfin vous croquiez le chou chocolaté, vous étiez

dans le souvenir et le regret, vous remémorant le fabuleux chou à la chantilly.

En fait, l'envie de l'un vous projetant dans le futur, et le regret de l'autre vous ramenant au passé, ont eu pour conséquences de vous empêcher de vous maintenir au présent et d'apprécier pleinement vos pâtisseries.

Vivre le moment présent, c'est être disposé à recevoir ce qui advient, c'est jouir de cet éternel instant fugitif qu'est le présent, sans l'entacher de l'imaginaire avenir.

Maintenant que vous êtes en mesure de goûter la vie avec simplicité, comme elle se déroule, au lieu de méditer… allez plutôt chez le pâtissier !

Voilà.

41. Et si nous étions en bout d'éternité...

Présentation :

Par ce texte, je donne ma définition de l'éternité, évidemment inspirée par les Grands qui nous ont précédés tels que Anaxagore, Épicure, Lucrèce sans oublier notre populaire Lavoisier. Libre à vous de la faire vôtre ou de vous en inspirer.

Texte :

Peut-être en lisant l'intitulé de ce texte, pensez-vous : encore un oiseau de mauvais augure qui nous annonce la fin du monde. Rassurez-vous, il n'en est rien. Mais permettez-moi d'étayer mon propos. Oui, mon propos, car ce qui va suivre est ce que je pense et nul n'est obligé d'en accepter les résolutions.

Mais je commence. Nous savons qu'il n'y a que du présent. Le passé n'existe pas parce qu'il n'existe plus, mais il a existé, nous subissons par la causalité les conséquences du passé, mais nous le faisons revivre surtout par notre mémoire et par les traces que nous laissons, telles que livres et documents de toutes sortes. L'avenir lui, n'existera jamais. Nous sommes toujours aujourd'hui et demain est un concept. Donc, il n'y a que du présent, pour vérifier cela, essayez de taper dans vos mains dans le passé ou le futur ! Nous avons comme inhérente à nous l'idée d'un commencement et d'une fin du monde. Eh bien non, il n'y a jamais eu de commencement et il n'y aura jamais de fin du monde. C'est d'ailleurs le propre de l'éternité que de ne jamais avoir commencé et de ne jamais finir. Ajoutons que le néant n'existe pas plus et que si aujourd'hui il y a quelque chose, c'est parce qu'il y a toujours eu quelque chose ! Cela, nous le savons depuis Anaxagore jusqu'à Lavoisier en passant par Épicure et Lucrèce. Rien ne se perd, rien ne se crée, tout se transforme.

Le monde n'a donc jamais eu de créateur ? Il parait évident que non, mais libre à chacun de penser autrement, de toute façon, cela ne nous dispense pas d'une existence divine. Mais continuons notre réflexion.

S'il n'y a que du présent et que l'éternité existe, où donc est dans l'éternité placé le présent ? C'est une question qui m'a hanté pendant longtemps et dont j'ai trouvé la réponse, je veux dire la mienne. Je vous la livre simplement.

Si l'éternité existe, si le passé a existé, si l'avenir n'existera jamais et s'il n'y a que du présent, il me semble donc que le présent se trouve placé en bout d'éternité.
Si demain pouvait exister, l'éternité serait devant nous. Mais il n'y a pas de demain, il n'y a qu'aujourd'hui. Chaque seconde que nous vivons est une seconde de plus qui s'ajoute à l'éternité et au passé.
L'éternité est sans fin, elle ne peut finir, par conséquent elle avance inlassablement avec son ami le présent collé à elle, en son bout, enlacé amoureux, mêlant en elle la traîne de son passé.

Voilà.

42. Et si passé et futur coloraient notre présent...

Présentation :

Pour savourer la vie, rien n'est mieux que de profiter du moment présent. Vivre dans le passé ou dans l'avenir, c'est se couper de ce moment. Mais pourrait-on exister en faisant l'économie des souvenirs et des projets ?

Texte :

Notre vie est constituée d'une multitude d'actes accomplis ainsi que d'actes à accomplir. Nous raisonnons le plus souvent avec ces deux éléments, pourtant toute action a lieu au présent. Le passé n'existe pas puisque il n'existe plus, mais il a sur le présent une action indéniable. L'avenir, lui, est du domaine du concept, il existe en tant qu'il est une projection mentale. Nous faisons revivre le passé par nos souvenirs et chacun d'eux est une reconfiguration.

Si vivre au présent comme nous incite à le faire la méditation est une bonne chose, force est de constater que se cantonner à cela aurait comme conséquence de nous faire quitter notre statut d'humain pour devenir quelque chose qui ne remplirait pas les caractéristiques du vivant.

Qu'est-ce que l'expérience si ce n'est le souvenir des actes passés ? De même, toute culture et tout enseignement sont le fruit de longues élaborations. Sans passé, pas de mémoire et sans mémoire, pas de passé, tout serait constamment à découvrir, à chaque seconde son enseignement aussitôt oublié. Dans ces conditions, aucune vie ne serait possible ! Ne vivre qu'au présent sans tenir compte du passé serait une erreur fatale. Le passé agit donc sur le présent, à nous de savoir en tirer le meilleur parti.

Le futur a un rôle déterminant sur le présent. L'idée de ce qui peut nous arriver est tout aussi bonne que mauvaise. Nous avons tous eu, je pense, une personne aimée qui nous a dit un jour : je viens chez toi demain ! Et même si demain n'existe pas, nous savons bien que demain n'est autre que l'aujourd'hui qui suit l'aujourd'hui où nous sommes. Nous pouvons être à la fois content ou désespéré par ce qui a eu lieu et par ce que nous pensons qui aura lieu.

La reconfiguration par le souvenir d'actes passés et la préconfiguration par l'imagination des actes à venir donnent au présent la couleur du bonheur ou du malheur.

Nous avons donc une responsabilité dans la construction de notre vie car elle se déroule toujours au présent. Mais me direz-vous il y a le poids du passé ! Oui, c'est vrai, mais il n'a que le poids que vous voulez bien lui donner, non ! Et de même pour l'avenir, il est inutile de se prédire le pire, l'inattendu est toujours possible.
Il suffirait d'avoir confiance en l'avenir pour avoir un présent serein et vous construire un beau passé.

Voilà.

43. Et si la morale ne suffisait plus...

Présentation :

Nous avons tous une idée de ce qu'est la morale, mais quelle distinction pouvons-nous faire avec l'éthique ? Pour nous éclairer, nous allons voir par un exemple les situations, les questions, auxquelles peuvent se confronter les comités d'éthique.

Texte :

La morale, cette petite phrase qui vient à point terminer la fable. Tout flatteur vit aux dépens de celui qui l'écoute, par exemple, ou rien ne sert de courir il faut partir à point. Cette morale de l'individu, originellement personnelle, nous permet de nous intégrer à une société. Cette morale dictée par notre réflexion dont Kant se fait le prescripteur.
« Agis de telle sorte que la maxime de ton action puisse être érigée par ta volonté en une loi universelle ».
En simplifiant, cela veut dire qu'avant tout acte, il faudrait se poser la question suivante : est-ce que si tout le monde fait la même chose, il n'y a pas de problème ? Si oui, je peux continuer, si non, je ne suis plus dans la moralité.

Mais de nos jours, cela ne suffit plus. Apparaissent l'éthique et les comités d'éthique qui font de la morale une affaire collective. L'individu seul ne suffit plus. Un comité comprenant intellectuels, médecins, philosophes, scientifiques etc... est maintenant nécessaire pour valider si une situation est morale ou non. Je vous donne un exemple.
Un jeune homme a un accident mortel de la route, comme c'est malheureusement trop souvent le cas. Pendant ce temps, la maman et la petite amie du jeune homme prennent le thé. Le téléphone sonne et une voix à peine attristée pour la circonstance annonce la terrible nouvelle. La petite amie et la mère du jeune homme se rendent à l'hôpital pour constater le décès. La maman demande à ce que le

sperme de son fils soit prélevé pour être conservé. Ce qui est médicalement possible. Mais est-ce acceptable ? Puis la maman dit à sa belle-fille : tu me feras un bébé avec le sperme de mon fils ! Cela est possible mais est-ce acceptable ? La jeune femme refuse. Alors la maman dit : puisque c'est ainsi, je le ferai moi-même !

Imaginez un instant un bébé, dont la mère serait aussi sa grand-mère et dont le père décédé serait en même temps son demi-frère ! Cela est médicalement possible mais est-ce éthiquement acceptable ?

Je crois que nous avons tous la même réponse, et j'ai volontairement choisi ce cas extrême pour bien marquer la nécessité de l'éthique.

La morale ne suffit plus. Avec le développement de la science et des techniques, la médecine a fait un véritable bond. L'évolution des mœurs et des usages soulèvent des questions que nos ancêtres n'auraient pu imaginer.

Ce que l'on peut faire médicalement, scientifiquement, politiquement, religieusement, ne va pas toujours de soi avec ce que l'on peut éthiquement faire.

Voilà.

44. Et si la liberté naissait de nos sentiments...

Présentation :

Si je pense que la liberté existe, elle existe.
Si je pense que la liberté n'existe pas, elle n'existera pas.
On pourrait comparer la liberté avec le pessimisme et l'optimisme, le pessimisme étant un état alors que l'optimisme serait plutôt de l'ordre de la volonté.

Texte :

Vaste sujet que la liberté, nous n'en ferons pas le tour aujourd'hui.

Platon semblait être persuadé de l'existence de deux mondes. Le monde sensible, c'est-à-dire le monde de la matière, et celui intelligible, c'est-à-dire celui des idées. Une table, par exemple, fait partie du monde sensible, on peut constater son existence. Mais il y a aussi l'idée de table en général. Il y a donc la table que chacun de nous possède chez lui, et puis le concept de table que nous avons tous dans notre tête.

La liberté, elle, n'a rien de matériel, nous ne pouvons pas nous asseoir dessus, ni la sentir, ni la sortir d'un chapeau. Nous l'imaginons, et elle est à l'image de notre imagination, à l'image de ce que nous pensons qu'elle est.

L'on peut raisonnablement dire qu'un prisonnier est privé de liberté et que l'ami qui vient le voir au parloir est libre. Mais l'on ne peut pas toujours trancher aussi facilement que cela. On peut se sentir soi-même vraiment libre dans telle situation, situation où quelqu'un d'autre se sentirait entravé par une grande contrainte. Nous ne sommes pas égaux devant la liberté. Elle est affaire de sentiments, de sensations, elle est pour l'un l'air du soir qui vient agréablement rafraîchir les peaux moites des fins de jour d'été et pour l'autre un fluide poussiéreux chargé de moustiques.

La liberté est toujours relative, jamais absolue. L'on ne pourra même avec grand désir voler comme le font les oiseaux, ce serait confondre liberté avec capacité. Et puis celui qui dit qu'il est libre de manger quand il le veut, ne se rend pas compte que sa décision a une limite temporelle, et que bien vite sa liberté va céder le pas sur la nécessité.

Nous nous croyons libre quand nous avons la possibilité de nous déplacer entre deux obstacles. Après tout, le prisonnier est bien libre de marcher d'un mur à l'autre de sa cellule ! Lorsque deux hommes sont en égales circonstances, il y en aura toujours un des deux qui se sentira acculé, enfermé, n'ayant pas choisi d'être là et donc écrasé par le poids de sa perception.

La liberté au jour le jour est une condition personnelle. Imaginez-vous pieds et poings liés et vous verrez que bientôt l'imagination deviendra sentiment puis sensation puis réalité.

Voilà.

45. Et si la liberté était relative aux contraintes et à la conscience...

Présentation :

Nous pensons généralement que l' absence de contraintes induit la liberté mais ce n'est pas parce qu'une idée est commune qu'elle est bonne, ce texte nous en fait la démonstration.

Texte :

On pourrait penser de prime abord qu'être sans contrainte, c'est être libre. Ce type de truisme n'existe que par ignorance.
Je vous présente un cas où l'absence de contrainte est en relation immédiate avec l'absence de liberté.
Pour cela, allons voir Clara et Marcel. Clara habite au 4ème étage d'un bel immeuble. Elle se trouve dans le salon, assise sur un fauteuil en osier, près de la fenêtre ouverte. Elle respire un petit vent d'automne tout en tricotant.
Marcel, c'est le fils de Clara, il a 4 ans et regarde avec grand intérêt un dessin animé à la télévision. Les aventures de Maya l'abeille…
Marcel est captivé, les yeux rivés sur l'écran, il n'en perd pas une seconde. La sonnette de la porte d'entrée retentit, Clara se lève, va ouvrir, c'est la voisine de palier.
Pendant ce temps, Marcel monte sur le fauteuil en osier puis sur le rebord de la fenêtre et saute dans le vide pour imiter son héroïne.
Certains d'entre nous imaginerons Marcel démembré au bas de l'immeuble, d'autres le verrons en pensée rebondir sur le store du commerce d'en-bas, puis rattrapé dans les bras d'un piéton bien avisé de passer par là. Mais la question n'est pas là !

Le petit Marcel n'avait pas de contrainte, fenêtre ouverte, fauteuil juste en dessous, mère absente, voilà notre Marcel libre comme l'air.
Mais à l'âge de Marcel, connaît-on vraiment les conséquences de ce que l'on fait ? Bien sûr que non, à cet âge-là, la conscience d'un enfant est très mesurée. Il ne peut se rendre compte des conséquences

de son acte. S'il avait eu assez de conscience, il aurait opposé à son élan la contrainte salutaire de la réflexion. Avec un peu de conscience, il n'aurait pas sauté pour imiter Maya.

Nous voyons là que l'absence de contrainte due à une conscience d'enfant pas encore totalement aboutie génère un manque de liberté. L'enfant vit dans son monde à lui, fait de fantaisies et n'a qu'un sentiment imprécis des lois de la physique.

Sans que nous nous en rendions compte, notre conscience nous contraint à ne pas faire n'importe quoi. C'est parce que nous pouvons faire un choix responsable que nous pouvons nous penser libres. Sans conscience, pas de contraintes, pas de responsabilité et pas de liberté.

Voilà.

46. Et si la liberté n'était qu'une idée...

Présentation :

La liberté est une idée, un concept auxquels nous sommes attachés au point que le mot exprime une réelle existence. En cherchant ce qui se cache sous les mots, nous comprenons mieux le sens de ceux-ci.

Texte :

Cela signifierait qu'elle n'existe pas matériellement. Le mot est en bonne place dans notre devise française, « liberté, égalité, fraternité », et pas une semaine ne passe sans que nous lisions, entendions ou prononcions ce mot. Il me semble pourtant que si l'on ne peut en faire moindre usage, la liberté existe plus justement en termes de contrainte.

On pourrait dire que la liberté est une absence de contrainte et l'absence de liberté une présence de contrainte. Plus ou moins d'absence de contraintes correspondrait à plus ou moins de présence de liberté.

Partons du postulat que la liberté n'est pas.

Je suis assis au bord d'une rivière à côté d'un ami pêcheur. Nous discutons tranquillement devant le spectacle ininterrompu de l'eau qui s'écoule vers la grande mer. Tout le monde pense qu'il n'y a pas plus libre qu'un poisson dans l'eau. C'est faire l'économie de toutes les contingences aquatiques du dit animal.

Je décide de pêcher moi aussi, pour cela j'emprunte une bassine à mon ami. Évidemment je ne me fais pas d'illusions. Cependant, je parviens en dépit de toute attente à en attraper un. Je regarde ma prise nager dans la bassine. Mon ami me dit : « en voilà un privé de liberté ! » Je pense que l'on ne peut pas priver ce poisson de ce qu'il n'a pas. Je n'ai fait que lui rajouter une contrainte en plus de toutes celles qu'il avait déjà.

Dans sa bassine, mon poisson n'est plus tout à fait flamme. Je décide de le remettre à l'eau. « Tu lui rends sa liberté », me dit mon ami en

94

riant. Je pense que je ne peux pas lui rendre ce qu'il n'a qu'en imagination. Je ne fais qu'annuler la contrainte à laquelle je l'avais vilainement soumis.

La liberté est bien affaire de points de vues. Il n'y a pour moi que plus ou moins de contraintes.

La liberté est parfois un concept dangereux. Pour l'acquérir, combien s'en sont partis mourir pour elle et non pas pour eux. Il me semble qu'au lieu de périr pour quelque chose qui n'existe pas, on ferait peut être mieux de vivre et de faire en sorte de réduire au maximum ces contraintes qui nous entravent et qui, elles, existent sans aucun doute.

Les libertés sont de très beaux fantômes et pourquoi ne les penserions-nous pas ainsi, les contraintes, elles, sont bien présentes, et agir sur elles afin de les réduire à leur plus simple appareil semble être la voie de la raison.

Voilà.

47. Et si vouloir ce que l'on veut était liberté…

Présentation :

Il n'achetait plus n'importe quoi, ce qu'on lui faisait miroiter dans les publicités à la télévision, et ce fut un grand pas vers son indépendance, sa liberté.

Texte :

Sénèque écrivait à Lucilius, « lorsque tu auras désappris à espérer, je t'apprendrai à vouloir. »
Nous savons tous que l'espoir et la crainte sont les deux faces d'une même pièce. Si j'espère qu'il fasse beau temps demain, c'est que d'évidence je crains qu'il fasse mauvais temps. Sénèque dit donc à Lucilius : « quand tu te seras débarrassé de tes craintes, je t'apprendrai à vouloir ». Et ce vouloir est la volonté en action, la volition, le vouloir ce que l'on veut qui est la liberté. Lorsque tu te seras débarrassé de tes craintes, qui sont des contraintes, je t'apprendrai la liberté.
Épictète nous dit : « il faut vouloir ce que tu veux ». Qu'est-ce que cela signifie, me direz-vous ? Rien ne vaut le vécu pour expliquer.

Lorsque mon fils était petit garçon, il lui arrivait de me dire : « Papa, j'ai envie de m'acheter cette chose-là. » Il s'agissait la plupart du temps, comme vous pouvez le deviner, d'un jeu. Il avait un jour amèrement regretté son choix car son jouet fut cassé en deux minutes, pas par sa faute mais parce qu'il ne valait rien, je me rappelle lui avoir dit, tu as dépensé ton argent pour ça, tu aurais pu avec la même somme te payer un petit livre. Il fondit en larmes, et ce n'était pas ce que je souhaitais, les leçons de la vie prennent parfois des tours peu communs. Alors, fort de cette mésaventure, lorsqu'il manifestait le désir d'acheter un jouet, je lui disais : « va dans ta chambre et réfléchis si tu en as vraiment envie et vraiment besoin. » Ce n'était pas un non de ma part, mais plutôt une incitation à lui faire prendre position. De toute façon, c'était sa tirelire !

Et souvent, après une grande cogitation, mon fils réapparaissait avec sur son visage l'expression du petit garçon convaincu. Et c'était, « oui Papa j'ai vraiment envie de ce jouet », ou alors il me disait , « finalement Papa je n'ai pas vraiment envie ni besoin de ce jouet mais par contre celui-là, oui », ou « finalement je garde mes sous. »

Et là mon petit bonhomme était dans le vouloir ce qu'il veut. Il n'était plus à subir ce déterminisme extérieur, ce principe de causalité qui s'applique sur nous de façon féroce. Il utilisait son propre déterminisme intérieur. Il n'était plus la proie des publicitaires, il était dans le vouloir ce qu'il veut d'Epictète, la volition, la pensée en action. Il devenait responsable de ce qu'il voulait, de sa tirelire. Il n'achetait plus n'importe quoi, ce qu'on lui faisait miroiter dans les publicités à la télévision, et ce fut un grand pas vers sa liberté.

Voilà.

48. Et si seule la sagesse apportait la liberté...

Présentation :

Ce texte nous laisse entendre que la liberté intérieure, c'est à dire mentale, est la seule qui nous permet d'accéder à une liberté ressentie et donc véritable. Liberté obtenue par une lutte de la conscience contre les contraintes.

Texte :

On pourrait distinguer l'humanité en six figures. Bien sûr, catégoriser est toujours une erreur, cependant cela permet de comprendre. Chez les individus, femmes et hommes confondus, nous pouvons distinguer les enfants, les vieillards, les fous, les ignorants, les instruits, les sages.

Chez l'enfant, la liberté n'existe que très peu. Il a une conscience non aboutie, il ne peut se rendre compte des causes et des effets, il est donc incapable de faire un choix responsable.

Pour certains vieillards, c'est à peu près la même chose mais inversé. Ils n'ont plus ce que l' enfant n'a pas encore, d'où une perte de responsabilité ainsi que de liberté.

Le fou, lui, a une conscience altérée, il vit dans son monde et n'a pas une conscience juste du nôtre. Ne pouvant bien penser, sa liberté est à l'image de sa compréhension.

L'ignorant, lui, ne sait pas qu'il ne sait pas et de fait pense tout savoir. Le malheur est que l'ignorance se suffit à elle-même et qu'elle est un facteur réducteur de liberté.

L' instruit semble bien placé pour la liberté, il est au fait des causes et des effets, des conséquences, il réfléchit souvent, faisant le point sur les diverses situations de sa vie. Il pèse le pour et le contre en connaissance. Il est responsable et sa liberté semble aller de soi. Pourtant il lui manque le principal, c'est à dire la sagesse.

Et nous arrivons tout naturellement à la figure du sage. Nous en avons pour la plupart d'entre nous une idée réductrice. Nous imaginons un homme à moitié nu, assis en tailleur, ne se nourrissant que de fruits et ne buvant que de l'eau. Cette idée nous éloigne de la sagesse, surtout si l'on pense que sagesse et abstinence sexuelle vont de pair. On imagine le sage très instruit mais ce n'est pas forcément le cas. Alors qu'est-ce qui distingue le sage de l'instruit ? C'est simplement qu'il s'est tant que faire se peut, débarrassé au mieux des contraintes qui entravent la liberté, telles que les convictions, les pré-pensés, les préjugés, les idées reçues, les humeurs, les passions, les émotions, colère, joie, tristesse, peur etc…, les états d'âme, les espoirs qui sont autant de craintes. Le sage contrôle ses pulsions et fait le ménage autant qu'il le peut dans sa tête pour acquérir le maximum de liberté, pour que sa volonté puisse être la plus libre possible.

Facile à dire mais moins facile à faire me direz-vous, j'en conviens, mais si l'idéal est inaccessible, rien ne nous empêche d'en prendre le chemin.

Voilà.

49. Et si le trou m'était conté...

Présentation :

Quoi de plus banal qu'un trou ? Mais penchons-nous sur lui en prenant garde bien sûr de ne pas tomber dedans, et essayons de le définir de manière amusante mais néanmoins sérieuse.

Texte :

Des trous, il y en a de tous diamètres, de toutes longueurs, du petit trou de chaussette au métro Parisien. Trous de nez, trous de vers, trous d'épingle, trous dans les murs plus communément appelés ouvertures, trous de taupes et puis la paille, le tuyau, ou le tunnel qui sont des trous à deux accès et deux sorties selon que l'on se trouve ici ou là. J'ai été un jour amusé de remarquer que toutes les chaussettes, même neuves, avaient un trou, et oui ! Sinon, comment ferait-on pour les enfiler ?

La meilleure définition du trou que j'ai trouvée à ce jour est celle-ci : un trou est une absence entourée de présence.
Un trou d'égout par exemple n'est autre qu'une absence de trottoir entourée d'une présence de trottoir. Évidemment, cette absence n'est pas le vide absolu, il contient de l'air et même parfois avec un peu de chance, l'on peut y voir un égoutier.
Même si vous êtes bons bricoleurs, vous ne pourrez percer un trou, vous percerez de la matière et le trou sera la présence de la conséquence de l'absence de cette matière.

L'absence est un facteur d'existence, de présence. Telle personne n'a jamais été autant présente que depuis qu'elle n'est plus là. On dit que la mort, pour celui qui reste, c'est être en permanence en présence d'une absence, ambiguïté de la mort où présence et absence se manifestent à parts égales.

Beaucoup de choses existent par leur absence et parfois que par elle... Le café, disait Alphonse Allais, cette boisson qui fait dormir lorsque l'on n'en boit pas. Donc, effet du café par son absence.

Vous avez des trous de mémoire, le médecin vous examine et vous dit : en effet nous sommes en présence d'absences.

Un jour, à une classe d'enfants la question suivante a été posée : « à quoi sert une lampe ? » Réponse merveilleuse s'il en est : « une lampe ça sert à l'éteindre quand on veut dormir ! » Fonction de la lampe par son absence de fonction.

Nous constatons que l'absence et la présence ont une valeur significative. Prenons une pierre tombale, que symbolise-t-elle ? Est-ce l'absence de celui qui n'est plus, ou la présence de celui qu'elle recouvre ?

Sans parler des trous du gruyère qui me permettent de terminer sur une note d'humour paradoxal. Vous avez remarqué que cet excellent fromage a des trous, donc plus vous achetez de fromage, plus vous avez de trous et donc moins vous avez de fromage ! Évitez donc de trop en acheter si vous en voulez beaucoup !

Voilà.

50. Et si nous ne parlions que sans savoir…

Présentation :

Il me semble normal de parler de ce que l'on ne maîtrise pas, de ce que l'on ne connaît pas, de ce que l'on ne sait pas, afin d'instaurer un dialogue, une discursivité, de laquelle sortiraient une amélioration , un plus-à-même, un mieux être. La faute serait d'affirmer, de vouloir convaincre, d'asséner comme vérité ce qui est objet de recherche.

Texte :

Lors d'un atelier dont le sujet était « le néant et la mort », un participant qualifia de nébuleuse une partie de mon propos. Lui demandant pourquoi, il me répondit : « Parce que nous parlons de ce que nous ne maîtrisons pas ! »
Je suis d'accord avec ça, nous parlons de ce que nous ne maîtrisons pas, mais est-il possible de faire autrement ? Et il me semble que c'est le rôle même d'un atelier. À supposer que nous puissions maîtriser toutes choses, quel serait l'intérêt d'en parler ?
Je pense que nous ne maîtrisons rien. Tchernobyl et Fukushima en sont les preuves malheureuses. On ne maîtrise rien parce que l'on ne connaît rien absolument. On ne peut pas prétendre connaître quelque chose parfaitement à moins d'être léger.

Je vois la maîtrise comme absolue, ou l'on maîtrise absolument ou l'on ne maîtrise pas. Mais comment trouver l'absolu dans un monde où tout est relatif ? L'on parle toujours de ce que l'on ne connaît pas ! Si l'on pouvait connaître et si l'on ne parlait que de ce que l'on connaît, cela nous obligerait à faire l'économie du rêve, de l'imagination, de la supposition, de l'hypothèse ainsi que de l'écrivain, de l'artiste, du scientifique, du philosophe et adieu aussi pour les puits d'idées que sont le taoïsme, le bouddhisme etc... donc reprocher au philosophe de parler de ce qu'il ne maîtrise pas est un non-sens, ou alors il faut accepter de nous entendre toujours et seulement dire que l'eau, ça mouille et que le feu, ça brûle !

Prenons l'infiniment petit pour exemple. Anaxagore, philosophe grec, nous disait que l'infiniment petit n'existe pas. Qu'il y a un moment où cela s'arrête. Par contre Épicure, autre philosophe grec, lui, pensait que l'infiniment petit existe. La vérité est sans doute que l'infiniment petit n'est pas vérifiable. En effet, il nous faudrait pour vérifier cet infini un temps non moins infini. Il s'agit d'un concept mathématique. Libre à chacun de penser que l'infiniment petit existe ou non. De fait, toutes personnes parlant de l'infiniment petit parle de ce qu'il ne maîtrise pas, de ce qu'il ne connaît pas, de ce qu'il ne sait pas et de ce qu'il ne peut savoir.

A. Einstein disait : « Il n'y a guère que la bêtise qui donne une idée de l'infini ».
Et je finirai par une phrase de A. Comte-Sponville : « Philosopher c'est penser plus loin qu'on ne sait, voire plus loin qu'on ne peut savoir. »

Voilà.

51. Et si la mort était fiction...

Présentation :

La mort est l'exemple même de la différence entre le réel et l'imaginaire. Elle porte en elle fantasmes, superstitions, histoires et légendes qui entravent l'esprit et donnent au passage d'être à ne plus être tout un corpus de balivernes et calembredaines.

Texte :

Un leurre ! Mon propos n'est pas de dire que nous ne mourons pas, mais de supprimer ce qui est de l'ordre de la superstition. Nous avons par nos rêves, nos fantasmes, nos croyances donné existence à la mort, or elle n'est qu'affabulation.

Bossuet nous dit : « qu'il y ait un seul moment où rien ne soit, éternellement rien ne sera. » Il ne faut pas craindre après notre décès de rejoindre le néant puisqu'il n'existe que sous la forme de concept. Rejoindre ce qui n'existe pas le ferait exister, et faire exister ce qui ne peut exister, par définition, est impossible.

Ce qui est gênant dans la mort est qu'elle éradique la vie.

La mort est une représentation, la faucheuse, l'Ankou le charretier de la mort, les zombies et autres Dracula et Nosferatu etc... ne sont que folklore. Je parle là de notre culture. La mort est une fiction que l'on joue mentalement de notre vivant.

Mais alors qu'est-ce que mourir ? C'est passer d'être à ne plus être. La mort n'est que ce passage, avant lui nous sommes vivants avec conscience et sensibilité, après, plus rien, pas de néant. Et pour les croyants encore moins de néant, puisque la vie continue pour eux sous une autre forme.

Je me rappelle lors de décès avoir entendu les vieux de ma famille dire à l'égard des disparus, il a passé ! Ce qui exprime bien ce passage d'être à ne plus être dont la mort est juste la frontière.

L'agonie n'est pas la mort, elle reste la vie, douloureuse soit mais tout de même la vie.

Épicure disait, il ne faut pas craindre la mort, lorsque nous sommes, elle n'est pas là et lorsque elle est là, nous ne sommes plus !

La mort et le soleil ne peuvent être regardés en face.

Lorsque la vie s'en va, notre corps se dégrade et ses atomes rejoignent le grand tout, ceci est un cycle, et la terre est composée de la décomposition des végétaux, des cent milliards d'êtres humains qui l'on foulée, des mammouths et autres dinosaures. Respecter la terre, c'est aussi respecter nos ancêtres ainsi que les générations futures. La vie se nourrit de ceux qui ne sont plus.

La mort n'est pas un néant, mourir, c'est s'en remettre éternellement au vent pour nos atomes et participer de la vie.

L'étonnant est que nous donnons à la mort une potentialité d'existence. Cela est dû à notre langage. Être c'est exister, ne plus être c'est ne plus exister et être mort c'est exister encore, non pas en tant que vivant mais en tant que mort. Dire : il est mort ou il est décédé n'est pas la même chose que de dire : il n'est plus.

Restons poli et n'oublions pas que mourir est un manque de savoir vivre.

Voilà.

52. Et si la conscience avait plusieurs niveaux...

Présentation :

Certains d'entre nous sont dotés naturellement d'une intelligence pointue. En comprenant les différents niveaux de conscience, les moins chanceux peuvent aussi accéder à celle-ci.

Texte :

Le mot différence me semble préférable à ceux de supériorité et infériorité, pour parler du végétal, de l'animal, de l'humain et de la machine. Ils ont chacun plus ou moins d'instinct, d'intuitions, d'intentions, d'intelligence et de conscience. Sans désir de caricaturer, on peut dire que l'animal a un instinct frangé d'intelligence et inversement pour l'humain. Nous découvrons de jour en jour l'extraordinaire complexité du végétal. L'animal et le végétal sont dotés de conscience, la machine non, et il me semble que des quatre, l'humain en est le plus loti. L'instinct, l'intuition, l'intention, la conscience se répartissent entre animaux, végétaux et humains, la machine ne se contentant pour l'instant que de l'intelligence.

L'humain a trois niveaux de conscience, la primaire, l'identitaire, et la réflexive.
La conscience primaire est aussi appelée conscience animale, elle est celle qui nous permet de nous rendre compte si nous avons chaud, froid, faim, soif, si l'on est fatigué et surtout du moment propice à la rencontre des corps. Elle est perceptive, intuitive, la plus proche de l'instinct, elle est aussi celle qui nous tient sur la défensive, notre instinct de survie.
La conscience identitaire est celle qui nous permet de répondre lorsque l'on nous appelle. Elle est la conscience de notre identité, de ce qui nous distingue de l'autre, je sais que je suis moi et que j'existe. Mais elle est celle du premier degré où toute parole est considérée

comme une vérité. Je dis ou l'on me dit que je suis intelligent alors je le suis, que je suis beau alors je le suis, que je suis grand et fort alors je le suis. Épatant, me direz-vous ! Oui, mais si je dis ou que l'on me dit que je suis idiot, moche et sans intérêt, je le suis aussi. Nous sommes dans la dévalorisation et la sublimation, c'est selon.

Pour sortir de ce piège, hâtons-nous vers le troisième niveau de conscience, la conscience réflexive. Elle permet, entre autres, l'objectivité, la juste mesure et l'appréciation des phénomènes, un certain recul sur les évènements, la capacité de penser par soi-même, la possibilité de philosopher. Elle permet de penser mes pensées, de me dire que ce que je pense de moi, c'est moi qui le pense et que quelqu'un d'autre n'aurait pas forcément le même avis, que je ne suis pas l'idée que l'autre a de moi. Il y a une différence de taille entre dire : je suis ceci et dire : je suis en train de dire que je suis ceci .

D'ailleurs, science sans conscience n'est que …

Voilà.

53. Et si la liberté avait un prix...

Présentation :

Lorsque l'on parle du prix de la liberté, nous avons généralement en tête l'image de héros de la résistance qui ont donné leur vie en son nom. Cela est indiscutable, mais nous verrons d'autres éléments relatifs à ce sujet.

Texte :

« Bonjour, Mr le marchand de liberté, il m'en faudrait juste un moment, à quel prix est-elle ? »
On pourrait en rire, mais n'est-ce pas le cas lorsque pour éviter de la prison l'on paie une caution ?
Il est indéniable que l'argent apporte de la liberté. Il nous permet, femmes et hommes, d'échapper aux contraintes et d'obtenir maints privilèges.
Celui qui vole et viole vit librement à son gré, et le prix de sa liberté est payé bien cher par ses victimes.
Il y a toujours un prix à payer. Sous le mot de liberté se cachent ceux de responsabilité, contraintes, conscience, satisfaction.

La liberté est une absence de contraintes. Aller travailler pour se nourrir est une contrainte. Travailler à son jardin potager est aussi une contrainte, néanmoins cela procure un sentiment de liberté. Cela provient de la satisfaction que l'on en retire. Il me semble que sans plaisir aucun, il n'y a pas de liberté ressentie.

La liberté est souvent affaire de choix, la conscience nous permet d'évaluer les situations et d'opter pour l'une ou l'autre en toute responsabilité. Il n'y a de choix possible qu'avec responsabilité, de responsabilité qu'avec conscience, et tout cela est mu par le désir d'obtenir satisfactions, plaisirs, jouissances.

Le prix pour être libre est sans doute de rester dans la légalité, la moralité. Mais lorsque les gouvernements sont liberticides, devenir hors la loi devient légitime. Je vous invite à lire les déclarations des droits de l'homme, vous y trouverez un certain droit à la désobéissance, une légitimité à se révolter lorsque les lois sont par trop liberticides, cela devient un devoir que de manifester son désir de liberté, d'égalité, de fraternité, de revenir si l'on en est sorti à ce que l'on peut appeler une démocratie.

La liberté est liée à l'indépendance, mais dans l'univers, tout est interdépendant, rien ne naît par lui-même et ne vit par lui-même, cela restreint beaucoup le concept, cependant nous avons tous une idée de ce qu'est être libre. Nous avons chacun des sensations, des perceptions, des émotions différentes, nous ne ressentons pas de la même façon les contraintes, et un détachement approprié, relatif à la perception du monde, serait favorable au sentiment de liberté. Être quasi autonome, et ne dépendre pratiquement que de soi, n'est pas chose simple.

J. P. Sartre disait : « la liberté est un fardeau. » C'est sans doute pour cela que bon nombre d'entre nous ont choisi un fardeau plus léger que l'on nomme servitude.

Voilà.

54. Et si nous parlions du raisonné et du rationnel...

Présentation :

Avant de faire un choix ou de prendre une décision ou de porter un jugement si commun soit-il, il est souvent préférable, pour ne pas commettre d'erreur, de considérer la part du raisonné et du rationnel qui vont, s'ils sont présents, rendre votre acte raisonnable.

Texte :

Les Stoïciens avaient pour l'humain la définition suivante : « l'homme est un animal raisonnable ». Cela signifie qu'il peut se raisonner ou être raisonné. Un homme peut être raisonné, irraisonné, déraisonné. On pourrait penser que l'homme raisonné est raisonnable, et le déraisonné, déraisonnable. Ce n'est pas si simple car si l'on pose la question, l'homme raisonné, ou irraisonné, ou déraisonné, peut-il être raisonnable ? La réponse est oui ! Et à la question, peut-il être déraisonnable ? La réponse est oui aussi ! J'emploie dans ce texte le mot raisonnable dans le sens de sensé, logique, ce qui est raisonnablement acceptable.

Voici un exemple. Un homme raisonné dit : « mon docteur pense qu'un verre de vin à table n'est pas mauvais pour la santé, moi je fais mieux je bois la bouteille ». Un autre irraisonné dit : « moi, je ne calcule pas, une bouteille, ça me va ». Et un autre déraisonné dit : « moi, je bois une bouteille car je connais la route et il n'y a pas de radar ».
Ces trois hommes ont un raisonnement totalement déraisonnable et je pourrais faire une démonstration inverse. Alors, comment faire la différence entre ce qui est sensé et ce qui ne l'est pas ?
Réponse, il faut dans tout raisonnement faire la part du raisonné et celle du rationnel, et prendre garde que l'un des deux ne soit pas ou défaillant ou absent.

Voici un exemple, une poutre est posée au sol. Vous demandez à un enfant de faire un aller-retour dessus sans mettre le pied à terre. Il le fera sans doute amusé de ce nouveau jeu. Maintenant, demandez au même enfant de faire la même chose avec la même poutre placée à trente mètres de hauteur ! Évidemment, il refuse. Ce sont rationnellement les mêmes conditions à part la hauteur, pourquoi donc refuse-t-il? Parce que ce n'est pas raisonné donc pas raisonnable !

Autre exemple, vous êtes chez des amis, c'est l'été, ils vous montrent leur piscine, elle est vide, et vous en demandez la cause. Ils vous répondent, « nous ne savons pas nager ! » Ceci n'est pas sensé, n'est-ce pas ? Et pourtant cela est raisonné et pourrait passer pour raisonnable, sauf qu'il manque le rationnel.

Nous pouvons nous servir de notre raison pour savoir si une chose est raisonnable ou non, en examinant la part du raisonné et du rationnel.
Si les deux sont au rendez vous, c'est bon signe. Sinon je vous invite à la plus grande méfiance.

Voilà.

55. Et si toutes passions étaient déraisonnantes...

Présentation :

Ne cherchez pas le mot « déraisonnant » sur le dictionnaire, vous ne l'y trouverez pas, il doit son existence à Blaise Cendrars et Colette et sied à merveille pour ce texte dédié à la passion.

Texte :

Habituellement la question est : « toute passion est-elle déraisonnable ? » Ce à quoi je réponds, aucune passion n'est déraisonnable ni raisonnable !

Une passion altère la raison en s'en prenant en particulier à la volonté. Je suis libre d'arrêter quand je veux mais je ne peux m'empêcher de continuer. Une passion est une souffrance, une addiction, un vouloir qui s'impose. Le passionné a sa volonté altérée par sa passion, il devient passif. C'est elle qui le gouverne, le dirige, manipule ses inclinations. Est-ce raisonnable ou non ?

Je dirais que ce qui est raisonnable ou non, ce ne sont pas les passions mais les individus, les actions, et surtout les conséquences qu'elles engendrent. Certains pensent que les passions sont bonnes parce qu' utiles. Il est vrai qu'elles peuvent entraîner des merveilles, en matière d'art, de science et autres. Mais ces artistes et ces scientifiques ont tous eu leur raison, leur volonté altérées, beaucoup sont morts ou devenus fous pour leur passion, à cause des conséquences de celle-ci. Ce sont les conséquences des passions qui sont raisonnables ou non.

Je vous donne un exemple, voilà deux amis, ils ont la trentaine. Ils sont passionnés tous deux de sport. L'un d'eux vit seul dans un appartement. Il est célibataire et pour occuper son temps joue au rugby et anime une association pour les jeunes. Il est passionné, c'est sa vie, et cela lui permettra de fonder un foyer avec la maman d'un petit rugbyman en herbe. Tout va pour le mieux pour lui.

L'autre homme est marié et a trois enfants. Le rugby occupe tout son temps, il anime avec son ami l'association sportive de rugby pour les jeunes, ce qui n'est pas du goût de son épouse. Il n'a pas le temps de s'occuper de la maison, de ses enfants et délaisse sa femme. Elle lui a dit : « si tu continues ton rugby, je m'en vais avec les enfants ».

On voit bien que c'est la même passion qui anime les deux amis. Pour l'un, cela sera hautement bénéfique, pour l'autre ce sera une catastrophe.

Les passions sont déraisonnantes, elles agissent sur la raison c'est-à-dire la mémoire, l'intelligence et surtout la volonté. Ce sont les conséquences des passions qui sont déraisonnables ou non.

Autant qu'il est possible, vérifions si nos passions, avant que d'en être trop addict, n'engendrent pas de conséquences que l'on pourrait avoir à regretter.

Voilà.

56. Et si le mensonge était nécessité...

Présentation :

Bonjour, vous m'avez l'air en forme !
Comment, moi aussi ?
Que me dites-vous, que je n'ai pas changé ? Si je n'avais pas changé, vous ne me le diriez pas ! Cela sent le doux parfum d'agréables mensonges.

Texte :

Lorsqu'une dame sort de chez le coiffeur, que lui dit son compagnon ? Il lui dit : « ma chérie, tu es magnifique ! » Et la dame est contente du mensonge qu'elle reçoit, de la tendre hypocrisie de son homme. Elle n'est pas dupe, et même, éprouve de la satisfaction. Pourquoi ? Parce que comme tout un chacun les dames aiment être flattées. Autant dire que les hommes mentent à cause des femmes, de leur goût pour les compliments. Prenons cela au second degré, mais tout de même !

J'imagine sans peine les dames bondir à la lecture de ces lignes. Cela est dû sans doute à l'a priori négatif que nous avons pour le mensonge, il est dans les esprits considéré comme le mal. Mais peut-être que les hommes ne mentent pas à cause mais grâce aux femmes, le mensonge est-il si mauvais ?

Et puis, entre nous, les femmes mentent tout autant que les hommes. Et je dirais que souvent ce sont les mamans qui innocemment et par jeu apprennent aux enfants à mentir. Chacun de nous, garçons ou filles, a fait un jour semblant de pleurer pour avoir un câlin ou un bonbon, convenez-en ! Pleurer, se faire plaindre, rechercher la zone sensible pour que les bras se tendent.

Oserais-je dire que souvent les grands aussi agissent ainsi. Le mensonge est un formidable moyen pour séduire et obtenir du plaisir.

Il me semble que si le mensonge n'existait pas, le vivant n'existerait pas. Nous sommes des menteurs, les femmes, les hommes, et tout le vivant, les animaux et les végétaux.

R. Badinter disait : « même les innocents mentent, ne serait-ce que pour valoriser leur alibi ».

Chez les araignées, il est coutume que l'énorme femelle dévore après la copulation le petit mâle. Mais saviez-vous que certains mâles ont développé une technique de survie ? Ils proposent à la femelle un paquet de fils contenant une mouche et parfois ne contenant rien. La femelle s'en saisit et pendant qu'elle le défait, le petit mâle en profite pour la féconder et vite partir.

Les fleurs ne sont pas en reste, elles produisent des fragrances de phéromones d'insectes femelles pour être pollinisées, et des plantes carnivores imitent l'aspect de la chair pour attirer leur proie.

Nous mentons tous, et je voulais ici non pas faire l'apologie du mensonge mais bien montrer qu'un monde où il serait absent ne pourrait pas à mon avis tout simplement exister.

Voilà.

57. Et si mentir était ludique...

Présentation :

Par bien des côtés, le menteur est un joueur. Il met parfois une vie, un amour, une amitié sur le tapis de poker.
Mentir, ce n'est pas toujours au détriment de quelqu'un, le mensonge est parfois une épaule sur laquelle l'autre se repose.

Texte :

Mentir, cela demande des qualités, au moins trois.
La première, je dirais qu'il faut de l'imagination. Le mensonge doit paraître vrai, semblable à la vérité, semblablement vrai c'est-à-dire vraisemblable. L'imagination nous permet de substituer une situation par une autre, mais l'imagination ne doit pas trop décrire, elle doit rester un peu floue exactement comme la réalité, juste ce qu'il faut d'absurde pour ne pas être suspectée d'être inventée.
La deuxième demande quelques talents de comédien. Attention, je ne dis pas que les comédiens sont des menteurs mais que, pour bien mentir, savoir jouer la comédie est sans nul doute un atout de poids. Là, il n'y a pas que la parole, les mots ne suffisent pas. C'est tout le corps qui participe à la menterie. Regardez un petit enfant mentir, il se balance pour donner le change, et ce balancement de droite à gauche le dénonce.
La troisième est la mémoire. Pour qu'un mensonge puisse persister dans le temps et rester aussi fonctionnel qu'au premier jour, il ne faut pas tout mélanger, évènements, actions, alibis, arguments soutenant l'échafaudage sournois que le menteur a instauré.
Dans la mesure du possible, il faut rester simple, et oui même pour le mensonge, la simplicité reste vertueuse.

Cela fait beaucoup de choses, bien mentir n'est pas à la portée du premier venu !
Le mensonge est complexe, tout le vivant ment, il est donc utile et nécessaire.

À bien y réfléchir, qui est responsable du mensonge ? Est-ce le menteur ou la personne à qui il est destiné ? Tout le monde n'est pas toujours en état, ou capable, de recevoir la vérité ! Le mensonge a parfois valeur de charité, de protection.

Maintenant, à cet instant de mon propos, je me permets de vous faire une révélation. Les philosophes sont des menteurs ! Et je le sais puisque je suis philosophe. Mais si je suis un menteur, je ne dis pas la vérité en disant que je mens. Donc je fais un mensonge en disant que je suis un menteur. Donc je ne suis pas un menteur. Et si je ne suis pas un menteur, je dis la vérité en proférant que je suis un menteur. C'est donc que je mens.

Cela est très complexe. L'impossibilité de savoir si cela est vrai ou non lorsque quelqu'un vous dit : « je suis un menteur », semble être une évidence mais c'est un faux paradoxe et un vrai sophisme, car seul un menteur peut dire « je suis un menteur ».

Pour finir, je dirai qu'il est tout de même préférable de ne pas abuser du mensonge.

Voilà.

58. Et si mensonge n'était pas sottise...

Présentation :

Mentir est une façon de cacher ce que l'on ne veut pas que les autres sachent. Cela est souvent considéré comme un manque d'honnêteté et pourtant combien de drames, de bouleversements, et d'horribles situations ont été évités en travestissant la vérité.

Texte :

Tenir un raisonnement volontairement faux, c'est faire un sophisme. Le paralogisme est une sorte de sophisme ou pour le moins une erreur. Cela peut donner : « les chats ont deux yeux, j'ai deux yeux moi aussi, je suis donc un chat ! »
Mentir, c'est dire ce que l'on sait être faux en le faisant passer pour vrai. Dire une chose fausse en croyant qu'elle est vraie, c'est faire une erreur.
On peut dire une fausse vérité, par exemple que toutes les femmes sont belles. C'est vrai parce que même la plus moche sera belle pour au moins une personne, et c'est faux parce que toutes les femmes sont belles mais pas pour tout le monde.
Par comparaison, il est absolument vrai que tous les hommes sont mortels.
Le mensonge a une dimension éthique, qui tend parfois vers le bien, parfois vers le mal. Les jeunes enfants comprennent mieux le beau que le bien. C'est pour cela que les mamans disent aux enfants, mentir ce n'est pas beau.

Être confondu comme menteur, c'est perdre la face. Et le visage est notre identité. Et celui qui n'a plus son identité d'humain se retrouve jeté au rang de l'animalité, ou plutôt à ce que certains prétendent qu'elle est. Il perd tout crédit, toute confiance des autres.

Le mal ainsi que le mensonge découle d'une intention. Pour E. Kant, le mal vient de trois contradictions attachées au mensonge. La première est l'opposition entre la pensée et la parole. La deuxième est, le menteur ne supporte pas qu'on lui mente. Troisième contradiction qui révèle l'addiction, le menteur souhaite toujours que le mensonge qu'il fait sera le dernier.

Parfois, on dit le faux en voulant dire le vrai. Si je dis à des amis, Mr X. va bien, il se peut qu'au moment où je prononce ces paroles, Mr X. soit mort. Et dire le vrai en voulant dire le faux. Par exemple, dire à des amis pour faire une blague que Mr X. est mort, et qu'à ce moment, il soit réellement mort.
La véracité, c'est dire ce que l'on pense être vrai. Ce qui souvent est facteur d'erreurs.

On pourrait encore dire bien des choses sur le mensonge. Mais je voudrais finir sur une note positive et quelque peu provocatoire. Même si nous pensons que mentir n'est pas bon, pas bien, pas beau, je vous laisse méditer sur cette phrase de Molière :
« Le mensonge est un vice dont les sots ne sont point capables ».

Voilà.

59. Et si mentir était façons de dire...

Présentation :

Il n'est pas question de mettre le mensonge en réclame, mentir, ce n'est pas beau, c'est la dernière extrémité. Mais pourtant, c'est si tellement mieux !

Texte :

Mentir, c'est être capable de se représenter ce que l'autre pense. Exercer une empathie au-delà de ce que ressent l'autre, de ce qu'il éprouve. Presque comme si on lisait dans les pensées.

Le mensonge est un fluidifiant relationnel. Il permet d'arrondir les angles, de transformer les réalités obscures en réalités sereines. À condition bien sûr qu'il soit formulé par une personne ayant le souci du partage.

Le mensonge est une prouesse intellectuelle. Il y a chez le menteur des qualités d'imagination et d'improvisation indéniables. Faire face et répondre du tac au tac à ses interlocuteurs, sans donner la moindre impression de réfléchir, relève parfois de l'exploit.

Plus on ment, plus la culpabilité diminue. Et oui, il y a forcément une accoutumance au mensonge, c'est sans doute de cela que vient l'expression, il ment comme il respire !

Mais mentir c'est souvent tout simplement parler, avoir du bagout comme on dit, s'exprimer en trouvant toujours le mot juste, celui que l'autre comprend, qui lui est familier. Parler avec le langage de l'autre, voilà le secret de tout baratineur.

C'est une façon de ne pas être sous le joug des normes qui nous entourent. Mentir c'est aussi cela, revendiquer mais sans exagération, c'est s'opposer discrètement aux rigueurs que la société nous impose.

Dire la vérité, c'est une prise de pouvoir sur l'autre. C'est dominer par des commentaires bien-pensants, par exemple sur le maquillage d'une amie. Un petit mensonge d'amitié serait mieux venu plutôt qu'une méchante vérité.

Mentir, c'est donner du volume, de l'ampleur à la vérité. Et voilà pourquoi les baratineurs ne mentent jamais ! Ils ne font qu'appuyer un peu sur les faits pour leur donner un peu plus de crédibilité.

Le menteur s'appuie sur notre volonté de croire. Et cela est bien vrai. Il suffirait d'avoir une juste idée de ce qui est pour ne pas tomber dans les pièges à peine cachés des menteurs en tout genre.

On ne raconte pas la même histoire selon à qui on s'adresse. Selon que votre interlocuteur soit votre avocat, ou un policier, ou la personne avec qui vous êtes en conflit, le ton que vous utiliserez, les mots, les arguments, et même les attitudes seront différents.

Nous voilà aguerris sur le mensonge, bien à nous de ne pas trop en profiter !

Voilà.

60. Et si une vérité était plus ou moins vraie...

Présentation :

Un papa a-t-il la même voix que son fils non encore né ? Ou un fils a-t-il la même voix que son père ?
Si le doute vous habite malgré l'absurde de la première question, mes lignes sont à vous.

Texte :

La vérité d'un fait est-elle unique, ne pourrait-elle avoir plusieurs visages ?
Je vous livre comme élément de réflexion le fait suivant.

Il y a maintenant fort longtemps, à l'époque où mon fils était encore un ado, je reçus un coup de téléphone. J'entendis la voix d'une jeune fille. Cette voix, craquante, me disait bien gentiment « bonjour » en prononçant le prénom de mon fils. Je ne tardai pas à lui dire, avant qu'elle ne parlât trop, que je n'étais pas la personne qu'elle désirait joindre, mais son papa. J'ai senti au bout du fil un peu d'étonnement mêlé de gêne. « Tu veux parler avec mon fils je suppose », ce à quoi elle répondit évidemment oui. « Je vais te donner un numéro perso, et tu pourras l'appeler sans tomber sur moi ». « Merci » dit-elle et avant de raccrocher, elle ajouta : « C'est marrant, vous avez la même voix que votre fils ! » « C'est vrai, lui dis-je, cela nous est déjà arrivé que l'on nous confonde au téléphone. »

Voilà pour le fait mais revenons à notre vérité. Cette jeune fille lorsqu'elle dit que mon fils et moi avons la même voix dit la vérité. J'ai la même voix que mon fils. Cependant je rétorque, il me semble que c'est plutôt mon fils qui a la même voix que moi ! Cela somme toute parait plus logique. Donc c'est une autre vérité. Et là, c'est amusant parce que l'on voit qu'il y a une vérité qui est plus vraie qu'une autre vérité qui finalement dit la même chose. Comme si parfois la vérité pouvait être plus vraie que vraie, plus vraie qu'elle-même. C'est curieux !

On a tendance à désigner les vérités comme absolues, eh bien non. J'ai la même voix que mon fils et mon fils a la même voix que moi. De ces deux vérités, l'une est plus vraie que l'autre. C'est plutôt lui qui a la même voix que moi, mais les deux affirmations sont justes et vraies. Alors, pourquoi cette nuance-là ? Tout simplement parce que je suis né avant lui. Il y a donc une priorité qui s'exerce sur l'une des deux affirmations. Mon fils a la même voix que moi est plus juste, car la vérité s'inscrit dans une temporalité.

L'Histoire n'a de sens qu'à la lumière de l'époque à laquelle elle se déroule.
Il faudrait toujours contextualiser la vérité, comprendre qu'elle s'inscrit dans la temporalité, et surtout ne pas prononcer d'avis sur celles d'hier en chaussant les lunettes d'aujourd'hui.

Voilà.

61. Et si Platon était censeur…

Présentation :

Avec ce texte sur l'art et la vérité, le problème de la censure est posé. Platon sans doute porté par les meilleures intentions qui soient, favorise les œuvres artistiques reposant sur la beauté, le bien et la vérité.

Texte :

Dans l'Antiquité, une œuvre d'art avait comme premier critère d'être belle. L'art se devait d'être beau, bien, vrai, bon. Le beau est attaché à l'esthétique, le bien à l'éthique, le vrai à la justice et le bon à la sensualité.

Pour Platon, toute œuvre théâtrale, littéraire ou picturale se devait d'être belle et surtout vraie, c'est-à-dire refléter la réalité en soi. La beauté ne suffisait pas, il fallait que l'œuvre soit la plus proche de ce qui est, sinon c'est être dans le faux, en dehors de ce qui est bien, donc non recevable. L'objet artistique beau, bien, vrai est le seul vraiment valable pour tous, s'il est bon, tant mieux, mais le plaisir ici n'est pas essentiel.

On voit que pour Platon, le beau sans le vrai n'est pas bien, il semblerait que pour lui, le bien ne peut pas faire alliance avec ce qui ne serait pas vrai. L'art doit toujours se reposer sur le vrai, ce qui est donc bien et parfois bon. Le plaisir que peut procurer une œuvre d'art est pour Platon facultatif. Une belle œuvre qui ne reposerait pas sur le vrai et le bien, qui ne serait que bonne, c'est-à-dire agréable pour les sens, ne mérite pas d'être considérée. Une œuvre seulement belle et agréable à regarder ou à entendre n'a pas qualité, si elle ne fait qu'imiter la réalité sur des bases fausses, d'être mise à la libre disposition de tous. Ce qui ne repose pas sur le vrai, pour Platon, n'est pas bien parce que mensonger et tout le talent de l'artiste n'y pourra rien.

Les œuvres théâtrales étaient particulièrement visées. L'auteur bien sûr n'est pas perçu comme un menteur, mais son œuvre falsifiant le réel, composée d' histoires certes vraisemblables, ne fait, pour Platon, que troubler les esprits de ceux qui la reçoivent. L'œuvre propose un en-dehors de la réalité, cela pour Platon n'est pas bien même si cela est beau et bon.

Difficile d'être artiste à l'époque, mais l'interdiction et surtout la censure restent malheureusement d'actualité sur la planète.

Il me semble que l'art n'a pas vocation à restituer le réel et en cela, l'exigence de vérité n'a pas lieu d'être. L'artiste est celui qui s'interpose entre l'observateur et le réel. Il lui en permet l'accès par l'intermédiaire de son prisme. Certes, le réel en est déformé et perd partiellement sa vérité, mais une autre vérité se livre, celle de l'artiste même.

Le philosophe est à la recherche de la vérité, ce n'est pas la préoccupation de l'artiste. Ne philosophons pas plus haut que nos fondements.

Voilà.

62. Et si nous réunissions intelligence et vérité...

Présentation :

Nous voici avec trois philosophes. Ils ont chacun apporté à la vérité la leur propre. Peut-être nous aideront-ils par-delà la prééminence de notre éducation à nous faire une idée par nous-mêmes.

Texte :

Emmanuel Kant, philosophe allemand, nous dit qu'il ne faut jamais mentir, toujours impérativement dire la vérité. C'est ce qui est appelé l'impératif catégorique. Dire la vérité à tout prix, sans tenir compte des conséquences, même dans le cas où d'évidence, elles ne peuvent qu'être graves. Pour E. Kant, rien ne dit que si l'on ment pour essayer d'arranger les choses, le résultat ne sera pas pire. Voilà en quelques mots expliqué l'anticonséquentialisme. Difficile de dire au poursuiveur s'il vous le demande où se cache le fugitif, n'est-ce pas ! Pour E. Kant, rien que de normal.

C'est pour cela que Benjamin Constant, philosophe français, s'opposera à cet impératif. Il dit en résumé : il faut dire toujours la vérité sauf si celle-ci risque de mettre en danger la vie d'un homme. B. Constant donne à la vérité une valeur de bienveillance dont elle ne devrait pas être dissociée.

Anthony Ashley-Cooper, 3ème comte de Shaftesbury, homme d'état anglais, né bien avant les deux autres exprime ce qu'idéalement l'on pourrait à mon sens penser de la vérité. Si E. Kant est impératif, si B. Constant a du bon sens, Shaftesbury me semble ne pas être dépourvu d'intelligence. Il nous dit : « dire la vérité à ceux qui ne sont pas en état de l'entendre c'est la trahir, la dire à ceux qui sont disposés à la persécuter, c'est la profaner ».
La première partie de la phrase exprime la difficulté et la réflexion nécessaires, pour éviter de dire la vérité à ceux qui sont dans l'impossibilité de l'écouter, de l'entendre et de la comprendre. Nous

ne sommes pas toujours capables d'écoute ou dans un état mental, psychologique ou physique nous permettant de comprendre. Pour Shaftesbury, dire la vérité à ceux qui ne sont pas capables de l'écouter, de l'entendre, de la comprendre, c'est la trahir. Profaner la vérité est la dire à ceux qui sont prêts à en faire mauvais usage. Shaftesbury donne là à la vérité une dimension sacrée. Il introduit la notion de dignité, l'humain qui la reçoit doit en être digne, ce qui implique une certaine confiance en celle ou celui qui la reçoit.

Difficile exercice, avant de dire une vérité, que de se rendre compte si celle ou celui à qui elle s'adresse, est en capacité de l'écouter, en état de la comprendre, de l'entendre et surtout digne de la recevoir pour n'en point faire mauvais usage.

Voilà.

63. Et si pourquoi, comment, où, quand, qui, quoi...

Présentation :

Une vérité est rarement absolue, presque toujours relative, elle dépend des circonstances. La vérité est parfois éphémère, n'existe que dans certains lieux, n'est réelle que pour telles personnes ou telles choses, et le pourquoi du philosophe et le comment du scientifique n'ont de cesse de la mettre en lumière.

Texte :

En matière de vérité, les trois critères d'importance sont l'intention, les circonstances, les conséquences.

Dire une vérité, c'est un peu comme faire un cadeau, l'on ne sait jamais si cela va faire plaisir, mais c'est l'intention qui compte. Faire un cadeau dans l'intention de faire du mal, dire une vérité pour blesser, cela existe. Une parole est un acte, avant de dire une vérité il faudrait se demander, qu'est-ce que je vise ? Quel est mon but ? Quel est l'intérêt ? Est-ce mon intérêt de dire cette vérité, est-ce l'intérêt de celui qui va la recevoir, est-ce l'intérêt d'une ou de plusieurs tierces personnes ? Peut-être, s'il n'y a pas d'intérêt en particulier, vaudrait-il mieux ne rien dire. Nombre de scientifiques ont laissé leur découverte sous silence par peur d'être malmenés par les idéologies du moment. Darwin, pour ces raisons, a laissé de côté sa théorie de l'évolution pendant une vingtaine d'années, ce qui nous emmène tout naturellement aux circonstances.   Elles sont nombreuses, époques, cultures, lieux, moments, situations etc… Le philosophe pose la question pourquoi, mais d'autres telles que comment, où, quand, qui, quoi, ont leur importance.
Je ne donnerai ici que deux exemples, le quand et le où. Le quand exprime la temporalité, si je vous dis la date de ce jour, cela ne sera vrai que ce jour même et pas un autre jour. Le où exprime le lieu, « il n'a pas le droit de fumer » est une vérité selon le lieu.

Une vérité est rarement absolue, presque toujours relative, elle dépend des circonstances. On devrait lorsque une vérité est énoncée, tenir compte des interrogations suivantes, pourquoi, comment, où, quand, qui, quoi.

Les conséquences sont, il me semble, déterminantes. Trop souvent des vérités sont assénées sans tenir compte des dégâts qu'elles peuvent générer. Apprendre une vérité déclenche toujours bonheur ou malheur, sinon il n'y a pas de conséquences. Une vérité est une connaissance, et toute connaissance reçue modifie le sujet qui la reçoit, son moral, ses idées, voire remet sa vie en question. La vérité permet de comprendre une situation et parfois lui met un point final.

Dire la vérité est chose complexe, il faudrait pouvoir juger de la capacité de l'autre à l'entendre sans la profaner. Il faudrait tenir compte des circonstances, des conséquences et pour la dire, de nos intentions.
Dire la vérité exige, il me semble, une certaine responsabilité, et lorsqu'on la reçoit, une recontextualisation de celle-ci. Mais toute vérité n'est pas bonne à dire !

Voilà.

64. Et si omettre n'était pas toujours mentir...

Présentation :

Faire le serment qui est : « je jure de parler sans haine et sans crainte, de dire toute la vérité, rien que la vérité » fait abstraction de l'omission et c'est prétendre que l'on peut être sûr de ce qu'on dit. Nous allons parcourir la complexité de l'omission.

Texte :

Lors d'une émission radiophonique j'avais entendu un philosophe dire : « le mensonge, c'est ce que l'on sait être le contraire de la vérité ». Sans être en total désaccord avec cette affirmation, j'y apporterai une nuance, le mensonge serait ce que l'on sait être autre chose que la vérité.

Méfions-nous des contraires, on les confond souvent avec les absences. Par exemple, l'obscurité n'est pas le contraire de la lumière, mais son absence.

La vérité est ce que l'on sait être vrai, le mensonge est ce que l'on sait être faux, et la véracité est ce que l'on pense être vrai. La véracité introduit la possibilité d'erreurs.

L'omission peut s'exprimer ainsi : parfois on oublie de formuler tous les éléments et l'auditeur ne peut, avec un récit tronqué, s'en faire une juste idée. L'omission par oubli n'est pas un mensonge, ce serait plutôt de la sottise ou un manque d'attention, d'ailleurs oublier ce que l'on a en mémoire est parfois désiré mais jamais volontaire. Une autre forme d'omission est de ne pas tout dire par négligence, par flemme, par procrastination, parce que cela semble peu important, de l'ordre du détail contingent. L'omission due à l'oubli ou à la négligence ne peut raisonnablement être considérée comme une faute, mais plutôt comme une erreur.

L'omission volontaire empêchant la compréhension des propos est une manière de transformer le réel pour en donner une image altérée. En ce sens, l'omission volontaire est un mensonge.

Le mensonge est une faute lorsqu'il est volontaire, mentir même pour une bonne cause est une faute mais c'est souvent faire preuve d'intelligence de n'en pas tenir compte.

Le non-dit est une forme d'omission qui me semble plus totale. Le non-dit concerne un événement dans son entièreté alors que ce que l'on entend habituellement par omission est de l'ordre du détail évincé. L'omission est une partie de la vérité que l'on cache pour modifier celle-ci, alors que le non-dit est l'abstraction totale d'une vérité.
Le non-dit est-il le mensonge de ce qui est occulté ou prend-il valeur de vérité sous la forme de son silence ?

L'omission par oubli, négligence, volonté, non-dit, secret, censure, cachotterie etc... est-elle bonne, mauvaise, bien ou mal ? Autant de cas pour autant de réponses, mais ce qui est vrai est que sous le mensonge, parfois, se cache beaucoup d'amour.

Voilà.

65. Et si les chirurgiens ne savaient pas parler...

Présentation :

Parmi les médecins du corps, les généralistes sont sans doute les plus aptes à échanger avec leurs patients. Pour les médecins de l'esprit, cela va de soi. Mais les chirurgiens n'ont pas toujours cette capacité.

Texte :

Les mots qui suivent concernent moins les docteurs en médecine que les chirurgiens et je les prie les uns comme les autres de croire en mon plus profond respect.

Il arrive, plutôt plus que moins que le chirurgien n'agisse pas à la mesure de ce que l'on voudrait. Le chirurgien ne dit pas toujours la vérité à son patient, il s'en tient parfois à un discours évasif, compliqué, sans signification concrète. Bien sûr, il ne faut pas généraliser, mais partons du postulat susdit.

Un patient est atteint d'un cancer létal, le chirurgien ne l'en informe pas. On pourrait penser cette information légitime, mais le chirurgien n'est ni pédagogue, ni psychologue et n'a peut-être pas la force nécessaire pour annoncer une aussi douloureuse nouvelle. Il préfère en parler à la famille. C'est une lourde responsabilité pour les proches qui dans la plupart des cas ne diront rien non plus. Pourquoi le feraient-ils puisque le chirurgien lui-même ne l'a pas fait ! Ne pas annoncer à son patient qu'il est atteint d'une grave maladie mettant sa vie en danger et le dire à l'un ou plusieurs de ses proches, c'est transgresser le secret médical. Le pire est que parfois, le chirurgien tentant l'opération de la dernière chance, le patient décède sans que ses proches aient pu lui faire leurs adieux. En résulte une terrible frustration. Le silence sur la maladie a empêché pour la famille et pour le patient de prendre en compte la triste réalité de la mort.

Il me semble que le chirurgien devrait déléguer la part du relationnel qui lui incombe. Le chirurgien est un technicien, il n'a pas appris à parler aux patients, il n'en connaît pas le langage. Par contre, il connaît celui de la maladie, son rôle est de l'abattre, de la puncher, de l'anéantir si possible. Le rôle du chirurgien est moins de sauver des vies que de combattre les maladies. Il ne sait pas parler aux patients et parfois non plus aux infirmiers. Son temps est compté, là où se trouve un chirurgien, il en faudrait bien quatre.

Certes, un peu de relationnel ne ferait pas de mal, mais il me semble que le chirurgien devrait se défaire au maximum de ces tâches de communication pour se consacrer à ce qu'il sait faire, c'est à dire écraser la maladie. C'est à mon avis le but premier du chirurgien, ce qui a pour conséquences de soigner et au mieux de guérir le patient.

Il m'est étonnant de voir que les chirurgiens, sortes de super héros des temps modernes, ont souvent peur de dire la vérité sur la maladie à leurs patients et tout autant d'abréger la vie de ceux-ci malgré leurs demandes explicites, écrites et même réitérées par le patient lui-même ou /et, par la famille.

Voilà.

66. Et si nos questions étaient mal posées...

Présentation :

J'avais un jour dit à un prof de philo : « depuis que je fais de la philosophie, je ne sais toujours pas ce que c'est ? »
Il m'avait répondu : « moi non plus ! »
Maintenant je sais à quoi je dois une telle réponse.

Texte :

Nous avons tous des interrogations pour lesquelles nous n'avons réponse. Peut-être les formulons-nous mal. Le philosophe est dans le pourquoi, alors que le scientifique est plutôt dans le comment. Le pourquoi suppose que l'on prenne en compte la causalité et le comment la fonctionnalité. Les deux sont nécessaires et complémentaires, et science et philosophie sont intimement liées. Le citoyen lambda, c'est-à-dire nous tous, se demande lorsqu'il se trouve en méconnaissance d'un sujet : qu'est-ce que ceci, qu'est-ce que cela, qu'est-ce que la philosophie , qu'est-ce qu'une table ?
C'est la meilleure façon pour ne pas avoir une réponse satisfaisante.

Un jour, un roi extra-terrestre intrigué par le mode de vie des terriens, s'aperçoit que les tables font partie intégrante de nos coutumes. Le roi, s'interrogeant sur ce qu'est une table, charge un vaisseau intergalactique d'aller enquêter. Au retour de leur mission, les enquêteurs donnent au roi les éléments de réponse correspondant à la question, qu'est-ce qu'une table ?
Et en gros c'est : plan horizontal supporté par un ou plusieurs pieds. Le roi est terriblement déçu. Que voulez-vous que je fasse de ça, dit-il, je ne sais même pas à quoi ça sert, une table! L'un des membres de l'équipe intergalactique lui répond qu'être roi ne le dispense pas de poser les bonnes questions !

En effet, il me semble que pour comprendre ce qu'est une table, il vaut mieux poser la question, à quoi ça sert, plutôt que qu'est-ce que c'est.

Il est souvent préférable pour avoir une idée de ce qu'est une chose, de s'appesantir sur l'utilité de cette chose, ce à quoi elle est destinée, ce que l'on peut en attendre, ce qu'elle implique, par quelle cause doit-on son existence et quel effet produira-t-elle. Par l'utilité, nous pouvons définir plus précisément.

Si vous voulez troubler un philosophe, demandez-lui : « qu'est-ce que la philosophie ?», il sera dépassé par votre question et bien souvent vous répondra qu'il n'en sait rien. Par contre, s'il est futé, il vous parlera de son utilité, de ce qu'elle apporte comme éclairage sur nos rapports au monde, à nous-même et aux autres.
Mais parfois le « à quoi ça sert », attise la susceptibilité de ceux qui y trouveraient là quelque ironie de votre part. En ce cas, laissons les ronchons dans leur panier.

Voilà.

67. Et si l'on se pardonnait...

Présentation :

Le pardon, tout le monde en parle, mais très peu le pensent. Le pardon est sans doute l'un des sujets les plus difficiles qui soient. Il est complexe, à images multiples et souffre d'idées communes.

Texte :

Quelles conditions faut-il pour que le pardon puisse avoir lieu ? Faut-il du temps afin que les cicatrices s'estompent, ce qui rendrait l'immédiateté du pardon impossible ? Faut-il que l'offenseur soit conscient de son offense, ce qui n'est pas toujours le cas ? Faut-il qu'il y ait entre l'offenseur et l'offensé un acte de réparation, fut-il symbolique ?
Le pardon suscite beaucoup de questions. En voilà deux autres. Y a-t-il de l'égoïsme à accorder le pardon, y a-t-il de la faiblesse à le demander ? Et d'ailleurs pourquoi de l'égoïsme ?

Voilà une réponse possible. Lorsque l'on ne pardonne pas, on conserve en soi une certaine amertume pour celui qui nous a offensés et on garde cette amertume en nous qui nous dévore. Le fait de pardonner élimine le ressentiment que l'on a en soi. On peut donc penser de prime abord que pardonner permet d'aller mieux soi-même et c'est en ce sens qu'une démarche égoïste puisse prendre jour. Je pardonne parce qu'ainsi je vais aller mieux ! Aller mieux est une conséquence du pardon mais si je pardonne pour aller mieux, là c'est de l'égoïsme, peut-être serait-il bon de réfléchir sur ce thème. Cette connaissance ne va pas toujours de soi et il est fréquent que, sans aucun calcul, l'offensé pardonne l'offenseur et s'en trouve bien heureux.
Demander à être pardonné à celui que l'on a offensé passe parfois pour de la faiblesse, cette faiblesse est bien souvent la manifestation d'une force. J'ai souvent entendu dire que le pardon était un don et que cela impliquait sa gratuité. Il me semble que cette gratuité du

pardon est une sorte d'idéal. Cette idée est malheureusement bien trop belle pour être vrai, surtout si l'on écoute V. Jankélévitch qui, par la phrase suivante, exprime de manière implacable un avis que je partage. « Le pardon pur est un évènement qui n'est peut-être jamais arrivé dans l'histoire de l'homme ».

De plus, l'idée de pardonner à tout va n'est pas la meilleure. Il se peut que l'offenseur, pardonné par l'offensé sans l'avoir jamais demandé, ni formulé de quelque manière que ce soit une quelconque contrepartie réparatrice ou une sincère démonstration d'une forme de repentir, peut se trouver humilié par autant de largesse d'esprit et se nourrir de mépris pour celui qu'il a offensé.

Tout cela n'est pas très simple, me pardonnerez-vous ?

Voilà.

68. Et si le pardon n'était pas toujours possible...

Présentation :

La rancœur, les griefs ne sont pas choses agréables à garder en soi. Il semble préférable de les dissiper lorsqu'ils sont générés par des êtres dont la volonté n'est pas de nuire et dont la conscience n'engage pas leur responsabilité.

Texte :

Nous voilà au début d'une belle après-midi automnale. Léna, accompagnée de son ami Claudio baguenaude dans la forêt. Il fait bon marcher dans la sombreur des grands arbres. Léna chantonne des airs d'enfance tandis que Claudio médite tout en l'écoutant. Une petite branche en tombant sur l'épaule de Claudio interrompt cette quiétude. Pas de mal, mais le pull de Claudio est désormais sali de résine. Claudio peste contre l'arbre qui a causé son infortune et jure bien qu'il ne le lui pardonnera pas. Léna le reprend en riant, lui disant que seul un idiot peut en vouloir à un arbre. Quelques mètres plus loin, Claudio reçoit sur la tête une pomme de pin qu'un écureuil laisse tomber après l'avoir méticuleusement rongée. Claudio peste à nouveau et Léna de même qu'il y a un instant prend la défense de l'animal perturbateur. Claudio, des brisures dans les cheveux, de la résine sur son pull acquiesce de mauvais gré. Un peu plus loin, Claudio manque de se faire renverser par un vététiste, et la série n'est pas finie puisque sur le chemin du retour, un enfant saute à pieds joints dans une belle flaque d'eau, décorant les pantalons de Claudio d'une galaxie d'étoiles boueuses. Léna n'aura jamais autant ri de sa vie, plus Claudio peste, plus Léna rit.

Léna explique à Claudio que tous ces évènements ne méritent pas que l'on s'y appesantisse. Elle lui dit qu'il faut prendre ces choses comme elles viennent, cela n'est que lignes causales qui se croisent, et il est idiot d'en vouloir à un arbre ou à un écureuil qui n'ont pas une conscience égale à la nôtre. Le vététiste, Léna le connaît, c'est un ignorant et de plus, il n'a pas l'éclairage à tous les étages et l'enfant n'est qu'un enfant qui joue à des jeux d'enfant sans penser à mal.

Ceux qui n'ont pas une vraie conscience ne peuvent pas vraiment être désignés comme responsables, et de fait ne sont pas pardonnables puisqu'ils n'ont pas commis à proprement parler de fautes volontaires.
Seul peut être pardonné celui qui a une conscience suffisante le rendant responsable de ses actes. À condition de faire la distinction de la faute avec celui qui l'a faite, et de ne pas réduire la personne à son acte. Nous sommes faits de ce que nous faisons mais nul ne peut être réduit à ce qu'il a fait.

Voilà.

69. Et si l'on pardonnait par avance...

Présentation :

Nous pensons généralement que le pardon s'exerce sur des faits sis temporellement dans le passé. Il ne nous viendrait pas naturellement à l'idée que nous puissions ne pas pardonner des actions sises dans le futur et donc qui n'existent pas. Rien n'est moins sûr !

Texte :

Pardonnons nous par pitié, par amour, par générosité, par égoïsme, par indulgence, par supériorité, la liste n'est pas exhaustive, nous pourrions au gré de nos sentiments et des situations où le pardon a légitimité, continuer celle-ci. Notons en simplifiant que le pardon de Miséricorde, assimilé à la pitié, risque de réduire l'offenseur à la condition de pitoyable, alors que le pardon de Clémence, assimilé à la générosité, passe en quelque sorte l'éponge sur l'offense tout en donnant éventuellement une seconde chance à l'offenseur.

Mais qu'en est-il du pardon par avance ? L'humble conférencier nous dit parfois, excusez-moi par avance si mon propos n'est pas aussi clair que vous l'auriez aimé. Le pardon par avance est donc pensable.

Je vous livre ce qu'un sexologue participant à l'un de mes ateliers nous a exposé. Il se mit à raconter la mésaventure d'un couple homme - femme d'une trentaine d'années. Il s'agissait en l'occurrence d'un couple homme - femme, mais il me semble qu'un couple homme - homme ou femme - femme aurait pu avoir la même déconvenue. C'était un couple libre, que l'on pourrait qualifier de libertin. Ils s'étaient promis de tout se dire sur leurs rencontres sexuelles sans que cela ne puisse altérer l'amour qu'ils avaient l'un pour l'autre. Ne rien se cacher était la condition même de leur amour. Le sexologue insista sur le fait que chacun était au courant de ce qu'avait fait l'autre et que cela ne posait aucun problème.

Dans l'intention de rencontrer d'autres personnes, un jour, la femme dit à son amoureux ce qu'elle prévoyait de faire avec elles. Le résultat du récit de ce projet fut que le couple explosa.

Entre cet homme et cette femme, qui se disaient tout, s'instaurait une sorte de pardon automatique. Ils avaient convenu tacitement que ce qu'ils faisaient, certes, était, et n'avait pas d'importance, mais ils n'avaient pas parlé de ce qui allait être fait. Dans le cas de ce couple, accepter ce qui a été fait n'est pas du tout la même chose que d'envisager ce qui est prévu, ce qui va avoir lieu.

Il est tout de même assez étonnant de penser que l'on est capable de pardonner ce qui a été fait, mais que l'on est capable aussi de ne pas pardonner ce qui n'est pas encore fait, donc ce qui n'existe pas. Un couple peut se séparer à cause d'un évènement qui n'a pas eu lieu.

Notre cerveau nous réserve bien des surprises.

Voilà.

70. Et si imaginaire et réalité se confondaient...

Présentation :

Lorsque nous nous rendons compte que ce que nous imaginons prend par notre cerveau valeur de vérité, nous pouvons nous demander à juste titre si le monde est tel que nous le pensons, ou si penser le monde fait œuvre de création.

Texte :

Le réel est ce qui est, tandis que la réalité est ce que je perçois de ce qui est.

Prenons un film de cinéma, par exemple « Angélique, Marquise des Anges ». Ce film est bien réel, convenons-en, et la réalité de celui-ci est la perception que nous en avons. Nombre de spectateurs, nombre de perceptions, nombre de réalités. Pour moi, la réalité de ce film se nourrit de la beauté de Michèle Mercier.

Supposons maintenant un antiquaire peu enclin à s'émouvoir de la gente féminine, qu'en sera-t-il pour lui ? Son œil sera sans doute attiré par le mobilier et les divers ustensiles légitimant la chronicité de l'histoire sensée se dérouler sous Louis XIV. Pour notre antiquaire, la réalité du film sera à l'image de sa perception, perception bien différente de la mienne.

On pourrait dire qu'il y a deux films, celui que j'ai visionné et celui que l'antiquaire a vu.

Du même réel se déterminent deux réalités. Nous avons chacun une culture, un intellect, un esprit. Mes goûts, mon individualité influent sur ma raison, me faisant focaliser sur la très belle Michèle Mercier. Ce que l'on perçoit du monde est aussi en interaction avec notre individualité, nos goûts etc... c'est à dire que la réalité que nous avons du monde est ce qui nous apparaît, mais c'est aussi une réalité choisie, orientée, recherchée. Nous avons chacun des centres d'intérêts et donc des perceptions et une réalité personnelles. L'un va admirer un arbre pour son élégance et l'autre pour le nombre de stères qu'il offre. Le réel est unique mais la réalité que nous en avons est multiple.

Le film par bien des côtés est similaire à la vie, ses actions, son mouvement même, mais à y regarder de plus près, un film n'est qu'une succession d'images fixes, de photographies qui sont à la vie ce qu'un pantin serait à une danseuse.

Notons aussi que ce que nous voyons et ce que nous imaginons activent les mêmes mécanismes, les mêmes fonctions et les même zones du cerveau. C'est-à-dire que notre réalité qui est nos perceptions, est modelée par nos goûts, notre culture, nos centres d'intérêts, mais aussi par notre imagination.

On peut donc se poser la question de la croyance, puisque ce que j'imagine est traité par le cerveau comme une perception due à mes sens.

Saint Thomas disait ne croire que ce qu'il voit. Il me semble que le contraire fonctionne de même.

Voilà.
.

71. Et si nous colorions le monde...

Présentation :

Est-ce qu'une robe rouge reste rouge lorsque vous ne la regardez pas ? Mais qui peut affirmer qu'une robe rouge ou qu'une robe verte soit l'une ou l'autre de la couleur que l'on veut bien leur prêter ?

Texte :

Il y a quelque temps, deux amis philosophes ont essayé en conférence de répondre sans succès à la question suivante : « Une robe rouge reste-t-elle rouge lorsque vous ne la regardez pas ? »
Je me permets là en toute humilité, étant bien sûr qu'ils ne m'en porteront pas grief, de répondre à cette question par le biais d'une petite histoire.

Imaginez, il est matin et vous vous levez. Vous sortez de votre penderie une jolie robe de couleur verte que vous posez avec soin sur le lit afin de la défroisser un peu. Vous ouvrez la fenêtre pour aérer et vous filez dans la salle de bain contiguë à votre chambre. Armée d'un gant de toilette, vous alliez vous laver lorsque vous entendez le chant d'un oiseau. L'incongrue mélodie vous semble très forte, comme si elle provenait de votre chambre. Vous êtes étonnée mais sans crainte car le chant d'un oiseau inspire différemment que le rugissement d'un lion.
Alors, vous ouvrez doucement la porte pour voir de quoi il est question et stupéfaite, que voyez-vous ? Là, sur votre robe verte est posé un oiseau qui vous regarde sans être effrayé le moins du monde. L'oiseau chante, entend tout son chant, mais vous, vous n'en percevez qu'une partie. L'oiseau, pour lui, est sur une chose rouge qui est pour vous une robe verte car les yeux d'un oiseau et d'un humain sont différents, de même que le spectre sonore que nous percevons n'est pas le même que celui des autres animaux. L'oiseau, pour lui, est sur une chose rouge, il entend tout son chant et vous,

vous regardez l'oiseau sur votre robe verte et vous ne saisissez pas tout de sa mélodie.

Il y a bien un seul réel, vous, en train de regarder l'oiseau chantant sur votre robe, mais il y a ici deux réalités, la vôtre et celle de l'oiseau.

Le réel est que la robe n'a pas de couleur mais une longueur d'onde. La longueur d'onde émise par la robe correspond pour un œil humain à du vert et à du rouge pour un œil d'oiseau. Un seul réel pour deux réalités, une seule longueur d'onde pour deux couleurs, ce qui nous permet de penser que si vous ne regardez pas la robe, elle n'est plus verte, elle a simplement une longueur d'onde qui est décodée par votre œil comme vert, et par l'œil de l'oiseau comme rouge.

Le réel est en code monde et pour qu'il nous apparaisse nous le mettons par nos sens en code humain. Nous donnons au monde une couleur, une odeur, une sonorité, un tact, un goût et bien d'autres choses.

Percevoir le monde est aussi faire acte de création.

Voilà.

72. Et si tristesse était l'expression d'un désir...

Présentation :

Pour que les émotions ne nous submergent pas, il suffit de réaliser qu'elles sont parfois causées par un manque, un besoin. Sachons les accueillir et les écouter.

Texte :

Les émotions ne sont pas toujours de l'ordre du réflexe, elles sont pour certaines aussi provoquées par un sentiment, une humeur engendrant une idée, ou par une idée même. Les émotions sont nombreuses mais nous pouvons sans faire d'erreurs en sélectionner six, ce sont la colère, la peur, la tristesse, la joie, la surprise et le dégoût, on pourrait en mentionner une dizaine d'autres mais avoir ces six-là à l'esprit me semble solide.

L'état d'âme est bien souvent la conséquence d'une idée due à notre perception du réel, c'est notre réalité propre. Passons par l'exemple pour mieux comprendre.

Invité d'un soir, vous participez à un repas dont les convives vous sont étrangers. Les personnes sont plutôt conviviales, joviales et ne manquent pas de s'entretenir avec vous. Vous parlez à l'un, à l'une, à l'autre, tout cela est très agréable et puis, au bout d'un moment, plus personne ne vous adresse la parole, les gens parlent entre eux, semblent vous ignorer. Et l'idée vous traverse que les gens ne vous aiment pas, qu'ils ne parlent pas avec vous, qu'ils vous ignorent. Une émotion de tristesse va éclore en vous.

Lorsqu'une telle émotion nous envahit, demandons nous : « de quoi ai-je besoin ? » J'ai besoin que l'on parle avec moi, j'ai besoin que les gens s'occupent de moi etc... Se questionner ainsi permet de trouver des solutions qui vont faire que cette émotion que l'on génère malgré soi ne va plus occuper l'essentiel de notre esprit et revenir à des dimensions raisonnables. L'intérêt est de ne pas succomber à l'émotion, de la canaliser en modifiant par la réflexion nos perceptions qui sont à l'origine de notre mal être. Il suffit de se poser la question « j'ai besoin de quoi ? » pour ne plus subir l'émotion passivement, mais acter en étant à la recherche de ce dont nous avons besoin. Cela permet d'utiliser l'émotion comme moyen pour aller vers un mieux-être.

Il ne s'agit pas de remettre en question la légitimité de nos émotions, elles nous sont nécessaires par leur rôle d'avertisseurs. Nos émotions sont autant de surlignements de nos perceptions qui, soit nous mettent en garde contre un danger potentiel, soit nous permettent de jouir de ce qui nous advient.

Il est un fait que l'émotion est première, la raison est seconde, accueillons la première et pour éviter d'y succomber, servons-nous de la seconde pour faire en sorte que le moment présent devienne notre moment à nous et pour nous.

Voilà.

73. Et si la philosophie était évidence...

Présentation :

Il faudra bien qu'un jour certains philosophes fassent preuve d'humilité et que leurs propos, aussi complexes soient-ils, gardent en leur cœur la simplicité nécessaire à la limpidité que l'on peut en attendre.

Texte :

Lors d'un atelier, j'ai prononcé le chiasme suivant : « ce n'est pas parce qu'un évènement devait arriver qu'il arrive, c'est parce qu'il arrive qu'il devait arriver. »
Une participante s'est écriée : « c'est une lapalissade ! » Il me semble que non, car trop de gens contestent cette affirmation pour que nous puissions la considérer comme évidente. Une lapalissade est une vérité incontestable telle que : « une minute avant de mourir, nous sommes encore vivants ! ».
Ce qui ne présente aucun doute est évident.
Le pléonasme, c'est donner une précision inutile, monter en haut par exemple. La redondance, c'est signifier plusieurs fois la même chose, mais de manière différente.
La périssologie, c'est lorsque l'on insiste sur une caractéristique, par exemple, cet homme est idiot, puis plus loin, cet homme n'est pas malin et etc…
Le truisme est une vérité tellement banale que cela en devient bêta de la dire, par exemple : « l'eau, ça mouille ».
Et puis la tautologie : « quand je danse je danse, quand je dors je dors. »

Ce qu'il faut admettre est que les lapalissades, les évidences, les truismes, et autres tautologies ne sont pas en philosophie de l'enfonçage de portes ouvertes. Cela est très important, comme un bonheur qui pointe.

Il y a pour moi deux sortes de philosophie, la fumeuse et celle qui nous apporte la lumière, cette dernière est souvent complexe, donc difficile et il me semble que lorsqu'elle offre évidence, truisme ou tautologie, cela est un cadeau, un bonheur.

La philosophie nous permet de toucher du doigt ce que nous savons mais que nous ne savions pas savoir.

Mais attention, ce qui est vrai peut être non juste, je donne un exemple. À la question : « qu'est-ce qu'un homme ? », on peut répondre, un homme est un être qui a des qualités masculines et aucun défaut féminin ! Cela est vrai mais injuste. À la question : « qu'est-ce qu'une femme ? » on peut répondre, une femme est un être qui a des défauts féminins et aucune qualité masculine. Cela n'est pas moins vrai mais tout autant injuste.

Ce qui est vrai, évident, demande parfois que l'on s'y appesantisse. Un homme politique habile sachant manier les évidences à son profit saura toujours nous persuader qu'il a raison.

C'est la problématique de la vérité, le politique argumente pour sa vérité, l'avocat argumente pour la vérité de son client, alors que le philosophe recherche la vérité pour elle-même.

Voilà.

74. Et si l'on ne tuait pas...

Présentation :

La société nous donne des lois à observer, les religions nous apportent leurs commandements. La nature nous soumet ses impératifs, nous oublions parfois que ceux-ci sont bien souvent à l'origine de toutes cultures.

Texte :

Si l'on demande d'où vient l'injonction : « tu ne tueras point », à coup sûr nous aurons comme réponse que cette injonction provient de la religion, qu'il s'agit d'un commandement chrétien. On vous répondra aussi que tuer un homme n'est pas chose moralement acceptable, fortement punie par la loi. Tout cela n'est pas faux bien sûr, mais il me semble que cette injonction est d'origine de nature plutôt que de culture.

Denis Diderot séparait les « règles » en trois codes, les impératifs issus du code nature, les lois issues du code civil, les commandements issus du code religieux. Ce qui compte pour une espèce est de vivre, pour cela point n'est besoin de protéger l'individu mais le groupe. La longévité de l'individu n'a pas d'importance, mais favoriser une procréation suffisamment prolixe pour permettre la pérennité de l'espèce s'avère hautement nécessaire. Chaque individu, animal et végétal, a en lui la volonté de s'accroître dans son être, de s'accomplir et de se reproduire. On voit donc que tuer son semblable va à l'encontre de cette volonté d'être et de se multiplier.
Bien sûr, les animaux et les humains tuent pour manger mais rarement ceux de leur propre espèce pour les raisons que nous venons d'entendre.
Il faut remarquer aussi que la religion généralement ne relie entre eux que les adeptes de celle-ci.

Il y a le « tu ne tueras point » en temps de paix et celui en temps de guerre. En temps de guerre, le « tu ne tueras point » ne fait pas autorité sur ceux qui ne partagent pas la même idéologie. Ainsi donc, par le passé, catholiques et protestants se sont massacrés pour faire valoir leur vérité d'amour. La sagesse des commandements ont une limite que l'égocentrisme fanatique franchit allégrement.

Observer ce « tu ne tueras point » à la lettre, c'est se condamner à mourir, ou plutôt à ne pouvoir exister. Vivre, c'est se donner le droit d'abréger la vie d'autres créatures, animales et végétales. Vivre, c'est prendre du pas nous pour en faire du nous, c'est se servir sans complexe dans le vivant qui nous entoure. Chaque jour de notre existence signe la mort d'êtres que nous considérons comme inférieurs. Peut-être est-ce pour cela que nous avons, nous humains, inventé la gastronomie, que nous nous sommes donnés une caution artistique pour déculpabiliser les plaisirs d'une saine digestion. Mais cela fonctionne ainsi, les estomacs sont digérés par d'autres estomacs qui eux-mêmes en alimenterons d'autres et encore et encore.

Voilà.

75. Et si vivre avec et vivre ensemble étaient aussi différents que l'immanence l'est de la transcendance...

Présentation :

Voilà posée en quelques mots une comparaison entre immanence et transcendance. Pour se faire, distinguer le vivre ensemble du vivre avec m'a semblé approprié.

Texte :

Il y a le vivre avec et le vivre ensemble, l'un est-il égal à l'autre et si non quelles différences les séparent ?
Pour les distinguer, comparons-les.

Capucine est avec Birelli, cette indication n'affirme pas que Birelli ne soit qu' avec Capucine ! La question se pose. Il me semble que dire, Capucine et Birelli sont l'un avec l'autre est plus précis et moins suspect . Nous obtenons l'opération suivante : Capucine + Birelli = 2 humains. On a là une horizontalité que l'on appelle immanence.

Mais nous allons mieux saisir ce qu'est l'immanence en comprenant la transcendance. Si l'un des deux, Capucine ou Birelli dit : « nous sommes ensembles », nous ne sommes plus devant l'opération, 1 humain + 1 humain = 2 humains mais 1 humain + 1 humain = 1 couple. Capucine et Birelli forment là, à eux deux, quelque chose qui est eux et qui est au-dessus d'eux... un couple. C'est cela la transcendance. Le couple Capucine et Birelli est la verticalité de leur union.

Le vivre ensemble est de l'ordre du couple, de la famille, de la communauté. La famille n'est pas forcément de sang, il y a des familles d'esprit, des pères géniteurs, d'adoption mais aussi spirituels. Avec la venue d'un enfant, une autre transcendance apparaît, une autre verticalité, c'est la famille, le couple + un enfant =

toujours 1, une famille, qui est la transcendance de l'union de ces trois humains.

Je pourrais dire que ceux qui aiment la philosophie forment en quelque sorte une communauté d'esprit, malgré les différences que nous pouvons avoir les uns avec les autres. La communauté nous rassemble malgré ce qui nous divise. Nous n'avons pas le même sexe, le même âge, les mêmes goûts musicaux etc… et pourtant nous sommes ensemble à aimer la philosophie.
C'est cela vivre ensemble, c'est de l'ordre de la transcendance, de la verticalité, tandis que la société souligne ce qui nous divise malgré ce qui nous rassemble. Diviser pour mieux régner, ceci est connu.

La société est de l'ordre du vivre avec, de l'ordre de l'immanence.
La communauté est de l'ordre du vivre ensemble, de l'ordre de la belle transcendance si l'on entend dans le mot communauté, communion et non pas communautarisme.
Vivre avec et vivre ensemble ont des significations bien différentes.

Voilà.

.

76. Et si le numérique modifiait les usages...

Présentation :

Depuis toujours la culture se transmettait de génération en génération, des vieux vers les jeunes, de ceux plus âgés qui ont l'expérience vers ceux qui en font l'apprentissage. Mais aujourd'hui…

Texte :

Qu'en est-il de la passation du savoir, ou plutôt de cette transmission qui jusqu'à ce jour faisait la fierté des vieux et la culture des jeunes ? De père en fils ainsi que de mère en fille et de tous temps, des enseignements, des savoir-faire, des connaissances passent de mains en mains, de cerveau en cerveau.

Depuis des générations, les vieux, cognée en mains, montrent aux jeunes comment abattre un arbre. Puis un jour, un jeune homme désigne à son maître un étonnant outil appelé tronçonneuse.

Je me suis permis de proposer cet exemple qui, s'il ne correspond pas vraiment à la réalité, n'en est pas moins explicite. Le fait est que de nos jours, en face de leurs professeurs, les étudiants sont tous munis d'un ordinateur. Maintenant, celui qui assiste à un cours a potentiellement la capacité d'avoir autant de connaissances et sinon plus que le conférencier en face de lui . Il me semble que cela est une bonne chose, cela permet de confirmer ce que dit l'enseignant, mais surtout d'infirmer quand une bêtise est prononcée.

Je me souviens lors d'un atelier en 2019 avoir parlé des love dolls, ces robots sexuels d'origine japonaise. Une participante avait eu la curiosité de regarder sur son smartphone à quoi pouvaient bien ressembler les dits robots.

La vérification et la complémentarité qu'apportent le numérique ne sont pas négligeables. La recherche de cette participante sur son téléphone m'avait surpris mais pas décontenancé, je ne l'ai pas ressentie comme une mise en doute mais un aller vers plus d'informations, après tout, celui qui se donne pour charge de transmettre un savoir n'a qu'à connaître son sujet.

Il est amusant de constater que la venue du numérique a eu comme effet d'inverser les rôles. Il n'est pas rare que des personnes d'un âge certain apprennent en cette matière de jeunes adolescents.

Le numérique s'immisce dans nos vies au point d'être le moyen par lequel l'on se rencontre et l'on se sépare. Il y a eu dans le passé comme lieux de rencontre le bal, puis le thé dansant et le dancing et les boîtes de nuits. Les couples se formaient pour une heure, une nuit, une vie. Les petites annonces étaient entre autres une manière de se rencontrer, au début dans les journaux puis dans toutes sortes de média, et maintenant par les réseaux sociaux.

Le numérique agit sur nos vies, sachons nous en servir, faisons en sorte qu'il produise pour nous des effets bénéfiques et qu'il ne soit pas trop un moyen pour la bêtise de se répandre.

Voilà.

77. Et si la culture nous rendait plus humains...

Présentation :

La culture nous rend-elle plus humains ? Dans cette interrogation, quel sens donne-t-on au mot humain, et qu'en est-il de ce plus humain. À force d'être moins humain, pourrait-on ne plus l'être ?

Texte :

Chacun a une idée de la culture, aussi je m'appesantirai plus sur les mots « plus humains ». Mais comment peut-on être plus humain ?

Il me semble que l'on fait partie de l'humanité, de l'espèce humaine, ou non. En faire partie, c'est être humain, ou alors l'on est minéral, végétal, ou animal. Être humain, c'est comme être français, on l'est ou on ne l'est pas, mais être français ou humain plus ou moins me parait pauvre d'esprit. Alors, que signifie donc ce plus ?

Il faut l'entendre comme meilleur. Mais meilleur comment ? Dans le sens du goût, de la performance ou de la bonté ?

Voyons dans le sens du goût. La culture donne-t-elle meilleur goût à l'humain ? Oui, cela est possible, il suffit maintenant de mettre en culture quelques cellules humaines pour en obtenir un morceau de chair, et le déguster pour en connaître le goût. Cela poserait évidemment des problèmes éthiques et philosophiques. Mais trêve de plaisanteries, si nous cultivions ainsi les cellules animales, cela éviterait sans pratiquer le végétarisme de satisfaire nos appétits carnés sans commettre un massacre quotidien.

Voyons maintenant l'idée de performance. La culture rend-elle l'humain plus performant ? Il me semble que cela est évident, la culture scientifique, économique, sportive, militaire, etc... rend l'homme plus performant pour les bonnes comme les mauvaises causes, choses, actions.

Maintenant dans le sens de bonté, bienveillance qui, je pense, est le sujet. La culture nous rend-elle plus bienveillants? Ce qui nous empêche d'être bienveillants c'est la bêtise, la connerie, la méchanceté.

La bêtise, c'est de l'ignorance, du non savoir, que la culture peut anéantir.

La connerie, c'est connaître les effets de ce que l'on fait et faire quand même, et regretter. C'est aussi se penser assez fort pour s'interdire de réfléchir.

La méchanceté, c'est savoir ce qui fait mal et le faire en en ressentant la jouissance.

Par bêtise et par connerie on peut faire du mal, tandis que par méchanceté on fait le mal.

Gilles Deleuze disait : « philosopher c'est lutter contre la bêtise ». La culture est donc bien placée pour cette lutte. Pour la connerie, la culture a plus à faire, mais elle peut au moins l'atténuer car l'homme con, s'il a des convictions, n'est pas sans instruction. La méchanceté reste la plus difficile à détruire, mais par la culture et par la réflexion, on peut montrer l'inutilité de celle-ci.

Voilà.

78. Et si différence était complémentarité...

Présentation :

Il nous arrive de penser que si deux points de vue d'une même chose sont différents, ils expriment une opposition, une contradiction. Cela est souvent le cas, mais parfois, après réflexion, quel bonheur d'y trouver une complémentarité.

Texte :

Héraclite, philosophe antique, nous prodigue l'affirmation suivante : « on ne se baigne jamais deux fois dans le même fleuve ». Il nous invite à nous rendre compte de la temporalité, de l'impermanence et du devenir. En effet, l'eau en mouvement n'est jamais la même et le temps qui passe invite au devenir. Pour qu'une chose bouge à nos yeux, il faut bien qu'une autre soit fixe. Mais la fixité du paysage n'est qu'une apparence. La seule chose permanente est le monde lui-même composé de l'impermanence des objets qui le constituent.

Cratyle, disciple d'Héraclite, disait : « on ne se baigne jamais une fois dans le même fleuve ». De même que son maître, Cratyle exprime là son goût pour la baignade mais plus sérieusement une réflexion plus radicale pour la temporalité, l'impermanence, le devenir et l'immédiateté. À peine entrons-nous dans le fleuve qu'il est dissemblable de lui-même.
Cratyle met en doute la signification des mots par la phrase qui suit : « y a-t-il sous les mots quelque chose de stable et d'identifiable ? ». Pourquoi, par exemple, donner un nom à un fleuve puisqu' à peine nommé il n'est déjà plus lui-même. Cratyle avait bien perçu les limites du langage et vers la fin de sa vie ne communiquait plus que par gestes.

Plus tard, Jean-Paul Sartre nous dira : « ne connaissent d'histoires que ceux qui peuvent les raconter ». Autrement dit, si vous ne pouvez pas mettre avec nuance et finesse des mots sur vos émotions, sensations, événements etc…, vous n'avez rien vécu. Michel Serres est aussi dans cet ordre d'idées en nous disant : « Vous le savez, n'existe que ce qu'on dit. Ni vous ni moi ni personne n'existons sans réciter notre existence, même au quotidien ; il faut se raconter pour naître ; même une chose, il faut la relater pour qu'elle est lieu. »

Sartre et Serres semblent en opposition avec Héraclite et Cratyle car les premiers nous disent que les mots permettent aux choses d'exister pleinement alors que Cratyle nous dit que les mots ne peuvent rien définir. Il me semble qu'il n'y a pas là opposition mais complémentarité.

Sartre et Serres parlent de la réalité, de notre perception qui ne prend forme que si l'on peut lui en donner une par le langage. Cratyle, lui, nous parle du réel du monde qui ne peut jamais être identifié car jamais stable, toujours en devenir. Bien après Cratyle la physique quantique nous proposera : il n'y a pas d'êtres, il n'y a que succession d'événements.

Voilà.

79. Et si Valentine avait raison...

Présentation :

Il est bon de remarquer que les réponses sont bien souvent à l'image des questions posées. Si la question est précise, l'on est en droit d'en attendre une réponse de même. Un « peut-on » polydirectionnel laisse à votre interlocuteur la possibilité malicieuse de répondre comme il le souhaite.

Texte :

Les sujets tel que : « quel crédit peut-on accorder à la parole ? » ou « peut-on vivre sans rêves ? » apportent trouble et confusion. Cela est dû à l'emploi de ce « peut-on » imprécis. Ce « peut-on » signifie-t-il, a-t-on le droit, ou l'autorisation, somme toute cela m'est-il permis, ou toléré ? Il me semble que le « peut-on » est compris ainsi en premier lieu. Peut-on faire sans que cela nous soit reproché, voire sanctionné ?
Le « peut-on » peut aussi exprimer le devoir. Devoir sociétal, moral, devoir inscrit dans les us et coutumes, devoir de principe. Devoir comme une réponse à ce que l'on a reçu.
Nous voyons la complexité du « peut-on » dans le sujet.
Nous pouvons ou ne pouvons pas à cause de nos capacités. Suis-je capable physiquement, intellectuellement, moralement, culturellement de faire, de dire, de penser, etc... Peut-on par exemple lire tel auteur ? En ai-je le droit, le devoir, la capacité, ou encore la possibilité ?
La possibilité met en jeu les conditions, les circonstances. La possibilité peut dépendre du temps climatique ou temporel, du lieu où nous sommes, dans l'eau, sur l'eau, sur la terre ou dessous et pourquoi pas dans les airs ou dans l'espace. Le « peut-on » est la hantise de tout bon philosophe qui se doit en tant que tel de répondre aux interrogations qu'on lui soumet. Il est vrai que le sujet « quel crédit peut-on accorder à la parole » est beaucoup moins précis que :

« quel crédit a-t-on le droit, ou le devoir, ou la possibilité, ou la capacité d'accorder à la parole ? »

Ces quatre exemples ne sont pas les seuls, on pourrait y ajouter l'idée du libre arbitre. « Peut-on vivre sans rêves » pourrait se comprendre comme « en ai-je vraiment le choix ? » Le rêve ne répond-il pas à une nécessité ? Si oui, cela met au rancart le droit, le devoir, les capacité et possibilité précités.

Le fait d'employer le « peut-on » met en évidence que la question posée n'a pas été assez travaillée. Car celui qui la pose ne l'aurait sans doute pas formulée ainsi si, au lieu d'attendre avec impatience une réponse du philosophe, il s'était un peu plus appesanti sur sa question.

Mais ne lançons pas la pierre et ne donnons pas trop d'importance aux « peut-on ». Pensons à Valentine qui avait un petit menton, des petits tétons que je tâtais à tâtons, et de tout petits petons. Sans oublier bien sûr qu'elle était frisée comme un mouton. Que la nouvelle génération veuille bien me pardonner.

Voilà.

80. Et si imagination et humain allaient de pair…

Présentation :

Chez l'être humain, l'imagination revêt un rôle prépondérant. Nous pensons à tort que seuls les créateurs, artistes et scientifiques l'utilisent. Pourtant, sans elle, le plus intelligent des humains serait réduit au rang du plus simple animal.

Texte :

Nous avons quelque mal à nous rendre compte de l'importance de l'imagination. Imaginer un monde sans elle, c'est encore et toujours avoir besoin d'elle. Nous constatons qu'elle est l'amie des créateurs mais on peut dire que le plus rustre d'entre nous n'en est pas dépourvu. Sans imagination, pas de rêveries, de songes, de fantasmes, d'hypothèses, de confiances, d'espoirs, de désirs, etc... Si cela d'évidence nous aide à vivre, on peut se dire après tout, que l'on pourrait faire l'économie du désir et autres sans que cela nous empêche de vivre. Ce n'est pas faux, mais l'imagination a marqué la différence entre ceux qui sont restés à l'état animal et nous qui sommes devenus des humains.

Il y a bien longtemps, (plus ou moins 70 000 ans), lors de ce que l'on a nommé la révolution cognitive, nous nous sommes mis à penser ce qui n'existe pas, ainsi, l'imagination nous ouvrait ses bras.
Sans imagination, nous ne pouvons avoir aucun projet. Un projet, ce n'est pas seulement prévoir l'extra-ordinaire tel un mariage ou la construction d'une future maison, cela peut être tout simplement aller chercher son courrier dans la boîte aux lettres. Sans imagination, aucun projet possible, pas plus de construction que de mariage ni d'aller au courrier.
L'imagination nous permet de nous projeter dans l'avenir, d'envisager, de gérer, de prévoir, de diriger, de modéliser.
L'imagination nous rattache aussi au passé en conservant notre mémoire. Lorsque nous nous rappelons un évènement, subsistent des

zones d'ombres. Pour que le souvenir soit cohérent, l'imagination remplit ces zones d'ombres sans même que nous nous en rendions compte. Chaque souvenir est une reconstruction du passé, c'est ce qui explique qu'au fil des nombreux rappels, nous nous construisons des souvenirs inexacts.

Vivre sans imagination, c'est vivre sans mémoire, c'est-à-dire sans connaissances, sans vérités. C'est être cantonné au présent sans aucune possibilité d'agir, c'est se trouver devant une porte sans comprendre que l'on peut l'ouvrir. Nous avons besoin de penser demain pour nous consoler d'aujourd'hui.

Mais attention, l'imagination est souvent source de souffrance. L'idée du mal que je vais subir est presque toujours supérieure à celui qui advient. Dans le feu de l'action, lorsqu'une écharde nous blesse, nous l'enlevons aussitôt sans sourciller ; alors que l'idée de l'aiguille la plus fine de l'infirmière la plus attentionnée nous fait frémir.

Voilà.

.

81. Et si le plaisir était premier…

Présentation :

La frustration, la culpabilité, parfois le sentiment de honte gâchent notre plaisir. Pourtant, quoi de plus important que celui-ci, si bien sûr il n'engendre pas un déplaisir plus grand ou s'il n'est pas obtenu au détriment d'autrui.

Texte :

Faire un travail à contrecœur ou le faire avec plaisir n'est pas du tout la même chose. Cela, tout le monde le sait ! Le plaisir, état de perdition pour certains ne mérite pas qu'on lui fasse une réputation sulfureuse.

Nous allons voir quatre mots, plaisir, désir, puissance, acte, pour lesquels nous pouvons trouver quelques mots apparentés, comme satisfaction, bien-être, bonheur etc… pour le désir, envie, souhait, espoir etc… pour la puissance, force, vaillance, capacité etc... pour l'acte, accomplir, œuvrer, faire etc… Il faut entendre la puissance comme le moyen de s'accomplir, de s'épanouir, de se conforter dans son être et non pas comme puissance destructrice. Voilà, le terrain est bien préparé.

Le plaisir est le moteur du désir. Il me semble que seuls ceux qui prennent du plaisir à exercer leur travail s'y rendent volontiers. Par contre, il est sûr que si le plaisir n'est pas au rendez-vous, le désir de vous y rendre ne le sera pas non plus.
La puissance elle, va permettre l'acte, l'action. Tous les êtres, qu'ils soient vivants ou non ont une puissance. Car si l'on veut détruire un être, il faut lui opposer une puissance supérieure.
S'il y a du plaisir ou une promesse de plaisir, le désir est là. Le désir va solliciter la puissance et cette puissance va permettre de réaliser l'acte, qu'il soit d'ailleurs sexuel ou non. Et si l'acte avère le plaisir,

nous aurons la volonté de réitérer, c'est-à-dire le désir de recommencer. Enlevez le plaisir et tout s'écroule.

C'est un cercle vertueux ou vicieux selon que l'on considère l'acte comme bon ou mauvais, bien ou mal. Rien ne se fait pour rien. Il y a toujours à la clef une récompense, une satisfaction ou de l'argent. J'imagine mal quelqu'un faire quoi que ce soit sans en retirer rien du tout, le plaisir de faire plaisir, de gagner sa vie, de construire. Toute satisfaction est un moteur, sans ce moteur pas de désir de faire, de puissance, de force pour acter.

Il est à noter que le désir crée la valeur, qu'elle soit digne ou pécuniaire. Une valeur c'est ce qui est désirable ou désiré, la valeur est l'objet hypostasié du désir. Le désir crée une valeur à l'objet désiré. La valeur est importante, elle donne tout son intérêt à l'acte.

La vie vaut-elle d'être vécue, a-t-elle une valeur ? Si oui, c'est sans doute qu'elle nous apporte quelque plaisir. Alors continuons la en jetant aux orties autant qu'il est possible, frustration et culpabilité.

Voilà.

82. Et si le sentiment de culpabilité était négatif...

Présentation :

Le sentiment de culpabilité nous fait prendre conscience de ce que nous ferons, faisons ou avons fait. Nous avons intérêt de jeter ce sentiment bien loin. Il s'oppose trop souvent aux plaisirs et à la reconstruction.

Texte :

Certains pensent qu'il ne peut y avoir de morale sans sentiment de culpabilité, il me semble que la morale peut en faire l'économie, d'autant plus que ce sentiment peut devenir la cage dans laquelle ceux qui abusent de vous, vous enferment.

Le sentiment de culpabilité a une temporalité élastique. Il peut aussi bien s'exercer avant que l'on commette une faute, pendant qu'on la commet et dans la majorité des cas, après qu'elle soit commise et même jusqu'à la mort.

Il y a une différence entre la faute et l'erreur, et nous allons voir qu'elle est de taille. Si je marche sur le pied de quelqu'un sans le faire exprès, cela est de l'ordre de l'erreur, de l'inattention. Par contre, si je marche volontairement sur son pied, cette fois il y a une intention de faire mal et c'est faire le mal.
Le sentiment de culpabilité a légitimité s' il y a faute. Mais lorsque l'intention est absente, il n'y a pas de faute, mais une maladresse. Parfois nous sommes involontairement l'objet de souffrance pour un autre. Même si l'on est la cause de ces désagréments, il me semble qu'il n'y a pas lieu de s'infliger un repentir par trop sévère.
Le temps passe vite et s'appesantir sur le passé est rarement productif. Le mieux serait de tenter de réparer et d'aller, fort de cette expérience, à de sereines résolutions.

Infliger un sentiment de culpabilité pour manipuler est chose courante. Dans la trousse à outils du manipulateur, cinq points sont essentiels. Le premier est la culpabilisation et ce point est de loin le plus important, le deuxième la dévalorisation, le troisième les menaces, le quatrième le chantage et le cinquième l'indifférence verbale.

Prenons le premier, la culpabilisation : « Avec tout ce que je t'ai acheté, tu n'as pas à te plaindre non ! » Le deuxième, la dévalorisation : « Te rends- tu compte que tu ne fais jamais rien de bon ! » Le troisième, les menaces : « Si tu ne m'écoutes pas, tu vas le regretter ! » Le quatrième, le chantage : « Si tu t'en vas, tu peux faire une croix sur tout ! » Et maintenant le dernier, l'indifférence verbale. Cela consiste pour le manipulateur à ne pas vous répondre lorsque vous lui parlez, car bien sûr, vous n'êtes pour lui qu'une ombre.

Cela fonctionne toujours de la même façon, les manipulateurs quels qu'ils soient, individu, collègue de travail, supérieur hiérarchique, ou même les structures étatiques ou idéologiques etc… fonctionnent ainsi.

Voilà.

83. Et si philosopher permettait d'optimiser mon régime…

Présentation :

Lorsqu'un régime alimentaire est préconisé, nous le pensons en termes d'alimentation, de calories, de gras, de sucres, de protéines etc… Nous n'envisageons presque jamais l'importance sur le régime alimentaire du plaisir ainsi que de la frustration et de la culpabilité.

Texte :

La philosophie comme moyen de flirter avec l'inaccessible, l'inatteignable, ne m'intéresse que très peu. Il me semble qu'elle a tout à gagner à se montrer pratique, claire, voire facile.

Ce jour, notre question sera, pourquoi mon régime alimentaire amincissant ne fonctionne pas ? À cette question, la réponse serait sans doute, mon régime ne fonctionne pas à cause de mes excès.

Il est à mon avis trop simple de penser ainsi. S'il est vrai que l'excès peut plaider coupable, il me semble qu'il n'est pas seul fautif. Maintenant est venu le moment de mettre en scène les trois principaux acteurs. Ce sont la frustration, le déplaisir et le sentiment de culpabilité. Le plaisir est fondamental, faire un régime en occultant le plaisir, c'est le faire mal. Un régime doit rester un plaisir malgré la difficulté potentielle que présente l'excès, excès-réaction due à la contrainte.

Comprendre comment interpréter l'excès permet d'éviter ces désagréments, en particulier le sentiment de culpabilité qui s'y rattache presque automatiquement. Ce sentiment de culpabilité engendre un déplaisir qui lui-même engendre une frustration, un manque. Se gaver de nourriture et d'alcool sans avoir de plaisir à cause d'une culpabilité, quel dommage n'est-ce pas ! Et la culpabilisation et la dévalorisation de soi n'arrangent rien.

Malheureusement le trajet est tout tracé. L'on ira d'excès en excès pour tenter d'obtenir le plaisir à chaque fois gâché par le sentiment de culpabilité.

L'idée donc, pour que le régime fonctionne, serait de jeter bien loin, et une fois pour toutes, la culpabilité et ses deux acolytes, déplaisir, et frustration.

Quitte à faire un excès, faisons en sorte qu'il nous soit le plus agréable possible, pour cela prenons du plaisir et jetons honte, regrets, remords, reproches ... Il n'y aura ainsi pas de frustration, pas de déplaisir, pas de sentiment de culpabilité, juste du plaisir, du bon, du beau, du vrai.

Que faut-il faire ? Prendre conscience de cet excès et penser que ce n'est pas la meilleure solution pour mincir selon son souhait. Ce n'est pas la meilleure solution, mais j'ai pris un kiff. Cela me permet de faire une pause folie, avec du plaisir, sans frustration et avec ce sentiment non pas de culpabilité mais d'un agréable méfait bien accompli.

Je pourrai donc, après cette escapade gargantuesque, reprendre de plus belle mon régime, et en tirer la conclusion qui suit.

Rejetons ce sentiment de culpabilité qui ne résout rien et qui même peut faire aller vers une addiction, ou du moins une envie irrépressible de réitérer l'excès.

Teinter le plaisir de culpabilité, c'est se condamner à grossir sans joie.

Voilà.

84. Et si le repentir était une deuxième faute...

Présentation :

Spinoza nous dit que le repentir est une deuxième faute. Au premier abord cela semble étonnant. Nous allons considérer en lui prêtant quelques arguments la signification qu'on peut donner à cette affirmation.

Texte :

Il faut entendre le repentir comme portant en lui un fort sentiment de culpabilité. Le mot repentir participe d'une longue liste commençant curieusement par la lettre r. Par exemple le repentir, le reproche, le regret, le remords, ce sont des mots qui nous traînent dans le passé et nous empêchent de devenir. Il y a aussi le ressassement, le radotage, la rancœur, la rancune, la rumination, le ressentiment, et la réédification, la réitération lorsqu'il s'agit d'un passé triste.
Ces mots sont l'expression d'une réalité bloquée. Le repentir n'est pas d'un intérêt confirmé.

Il me semble qu' une personne qui a commis une faute devrait être soignée, afin qu'elle ne recommence pas, et surtout qu'elle adopte des comportements autres que jadis. Or le repentir nous fige dans le passé, le présent devient le miroir de ce que l'on a vécu, plutôt que d'être la première marche d'un aller vers un mieux. Le repentir s'oppose aux bienfaits du soin.

On pourrait possiblement penser que le sentiment de culpabilité empêche la récidive, mais ce n'est pas parce que l'on sait que l'on a fait quelque chose de mal que l'on ne va pas le refaire ! De même, on pourrait se dire que celui qui n'aurait aucun sentiment de culpabilité, pourrait se permettre de faire ce qu'il veut !
C'est pour cela même que ce sentiment en ce sens ne sert à rien.

Il n'a d'utilité que dans la mesure où il est issu d'une prise de conscience. Il devient donc une sorte d'alerte qui permet de juger d'une situation. Il est la barrière qui sépare le repentir du devenir.

ll me semble que réparer, se pardonner, accepter ce que l'on a été pour devenir celui que l'on aimerait être, vaut mieux que se dévaloriser dans les regrets. Il suffit de lire Les confessions de Saint Augustin pour comprendre qu'il y a un avant et un après.

Spinoza nous dit : « le repentir est une deuxième faute », il me semble que le repentir est tout au moins une erreur que l'on ajoute à la faute. Le sentiment de culpabilité devrait nous pousser vers la lumière plutôt que de nous enfermer dans l'obscurité des remords. Avoir honte de soi c'est se dévaloriser, c'est donc n'avoir plus de valeur, c'est ne valoir plus rien, c'est ne plus pouvoir rien faire. Il faudrait être conscient de ce que l'on a fait et prendre un autre cap, faire quelque chose de plus intelligent, de plus correct.

Se dévaloriser dans un repentir, c'est devenir le manipulateur de soi-même, c'est se réduire à ce que l'on a fait de pire.

Voilà.

85. Et si convaincre c'était vaincre les c...

Présentation :

Ne cherchons pas à convaincre les c... de ne plus l'être, ils ne comprendront pas puisqu'ils le sont. Essayons de ne pas l'être nous-même.

Texte :

Au 14ème siècle, on utilisait le terme convainqueur, ce qui, pour un esprit lacanien ne manquerait pas d'intérêt, mais revenons à notre siècle. Généralement, lorsque l'on veut convaincre quelqu'un, c'est que cette personne est en désaccord avec nous, et si elle n'est pas d'accord avec nous c'est qu'elle est c..., puisque bien entendu nous, nous avons raison. Mais vouloir convaincre c'est avoir des convictions, or n'est-ce pas là être un peu c... !
Lucien Jerphagnon disait : « l'homme qui a des convictions a toutes les chances de se lever au matin aussi con qu'il s'est couché la veille au soir. »
J'ai tendance à penser que du convainqueur et du convaincible, le premier est sans doute le plus c..., en effet vouloir convaincre, c'est être convaincu soi-même, c'est se rouler dans l'idéologie comme se roule le chien du citadin dans les crottes des moutons après le passage du troupeau. Convaincre l'autre, c'est être sûr de détenir la vérité, c'est, à mesure gardée, exprimer son petit totalitarisme. C'est penser être dans le droit chemin, le bon chemin, puisque c'est le nôtre. Être convaincu, c'est avoir trouvé la vérité, or si elle était trouvable la philosophie n'existerait pas.
C'est justement la recherche de celle-ci qui nous permet de saisir le monde, de le comprendre partiellement. Rien n'est sûr, disaient les Sceptiques antiques. La vérité est affaire de point de vue. La vérité est inaccessible, sauf pour les c... convainqueurs.
Le problème est que penser détenir une vérité, c'est être celui qui a raison, qui a une connaissance supérieure. C'est se placer au-dessus de celui que l'on pense ignorant, et c'est souvent par le glaive que

l'on transmet nos vérités. Penser comme celui qui sait, c'est se résoudre à une connaissance de l'immobilité.

De toutes les vérités que nous pratiquons, très peu sont absolues, l'immense majorité des vérités sont relatives et subjectives, issues de perceptions humaines. Ces vérités relatives ne peuvent pas être considérées comme immuables, surtout que certaines sont plus vraies que d'autres, par exemple il est vrai que mon fils et moi avons la même voix, mais il est plus vrai que mon fils a la même voix que moi.

Il me semble que la bonne attitude n'est pas de chercher à convaincre ni de persuader ni de dissuader, mais simplement d'exposer son point de vue, ses sentiments, ses arguments, et c'est tout.

Ne pas s'acharner, ne pas vouloir avoir à tout prix raison. Sinon l'on se transforme en donneur de leçon. Si j'agrée les moralistes, les moralisateurs n'ont aucune valeur à mes yeux.

Voilà.

86. Et si Absurde et Logique étaient deux amies...

Présentation :

N'y a-t-il pas souvent dans l'absurde une part de logique, et la logique n'est-elle pas parfois absurde ? L'humour et la philosophie le savent bien.
Je suis mort hier ! Un jour et un seul cette absurdité ne le sera plus.

Texte :

Au moins une fois par an l'on me pose la question suivante : « comment peut-on distinguer la logique de l'absurde ? » C'est une question difficile car la frontière entre les deux n'est pas très nette.
Mais tout de même afin de répondre, j'ai trouvé cette analogie que bien évidemment les dames me pardonneront.
Imaginons deux jeunes femmes, lycéennes, coquettes, vivantes et enjouées comme peuvent l'être deux copines de lycée. L'une se nomme Absurde et l'autre Logique, elles aiment les mêmes artistes, les mêmes films etc… Souvent, elles s'amusent à échanger leurs vêtements et à la fin, l'on ne sait plus vraiment qui est l'une et qui est l'autre. On peut dire que Logique devient Absurde et que chez Absurde loge une part de Logique.

Il me semble que ce que l'on qualifie d'absurde peut prendre forme de plusieurs manières, en voici quelques-unes.
De l'imagé : il est plus facile de se laver les dents dans un verre à pied, que les pieds dans un verre à dents !
De l'impossibilité : la stérilité est héréditaire.
De la logique : deux hommes sont sur le plongeoir du 5 mètres, l'un dit : « je plongerais bien mais je ne sais pas nager », et l'autre répond : « vas-y sans crainte, la piscine est vide. »
Dans le premier cas, l'absurde naît des images et de la polysémie, dans le deuxième, il naît du manque de logique et dans le troisième, au contraire, comment se noyer dans une piscine vide ?

Albert Camus nous dit dans le Mythe de Sisyphe, que l'absurde naît de la confrontation. Un homme armé d'un couteau ou trois hommes lourdement armés, cela n'est pas absurde, mais la confrontation du premier attaquant les trois autres, oui.

Certains d'entre nous se demandent ce qu'ils font sur cette terre, pourquoi sont-ils nés, dans quel but la vie leur a été donnée ?

Ces questions relèvent de l'absurde, la vie n'a de sens qu'elle-même, chercher un sens à la vie, c'est l'aimer pour autre chose que ce qu'elle est, et puis la vie n'est pas donnée mais transmise.

Albert Camus nous dit aussi : « L'absurde, c'est la raison ultime qui connaît ses limites. » Cela signifie que l'absurde prend tout son poids lorsque l'homme employant toute sa raison, sa science, sa philosophie, se trouve tout de même en face de son ignorance du monde. L'absurde pour Camus naît de la confrontation de l'homme qui cherche à comprendre l'énigme du monde, avec celui-ci qui se dérobe, ce qui a comme effets pour plusieurs d'entre nous de causer le grand saut vers les idéologies ou pire, le suicide.

Voilà.

87. Et si la connaissance ouvrait à la poésie...

Présentation :

La connaissance tue-t-elle la poésie ? Les « savants », le philosophe et tous ceux qui cherchent à comprendre par des « pourquoi » ou des « comment » sont-ils de ce fait privés de ce plaisir naïf qui prend forme face à la beauté, au sublime ?

Texte :

En philosophie la recherche de la vérité, de ce qui est, de la chose en soi, est primordiale, même si l'on sait que la vérité est conceptuelle et qu'il serait plus judicieux d'aller vers une compréhension des choses plutôt que de tenter de trouver leur raison d'être. Le philosophe préférera toujours une vérité triste à une fausse joie. Les questions « pourquoi » ainsi que « comment » participent de la connaissance du monde. L'homme de science en général cherche à comprendre, et d'hypothèses en hypothèses construit la vérité du monde, qui ne l'oublions jamais, reste malgré tout une perception humaine.

Lorsque l'on se trouve face à un coucher de soleil, et que l'on s'exclame à la beauté de celui-ci : « oh quel beau coucher de soleil ! » nous sommes dans l'erreur, dans l'ignorance. Il n'y a pas de coucher de soleil, il y a la terre qui tourne. Nous pouvons penser que dire cela, c'est détruire le charme, la poésie, la magnificence de ce moment. Rien n'est moins sûr.

Être dans la connaissance, c'est dire : « c'est la terre qui tourne », être dans l'ignorance, c'est dire : « voilà le soleil qui se couche ». Mais si vous savez que ce spectacle est dû à la terre qui tourne et que tout de même vous trouvez cela merveilleux et avec un étonnement toujours renouvelé, là, nous sommes dans la connaissance de la terre qui tourne mais aussi dans la poésie du soleil qui se couche, à ce moment, la connaissance permet à la poésie d'exister en nous faisant sortir de l'étonnement d'ignorance pour aller, toutes proportions gardées, vers l'étonnement du « savant » qui, malgré ses connaissances, reste admiratif du réel qui advient.

La connaissance ne nous emmène pas forcément dans une rigueur pragmatique, elle est aussi une route pour la beauté, pour des sentiments ouvrant à l'imaginaire, à la poésie, à l'art dans son questionnement et dans sa fraîcheur première.

Il est vrai que la connaissance amène souvent plus d'interrogations que de réponses. Certains vont jusqu'à dire : « plus j'en apprends, moins j'en sais ! » Méfions-nous de cette affirmation.

Pour ma part, il me semble que nous sommes toujours plus riches de ce que nous comprenons et même si à cette occasion, nous prenons conscience de ce qui nous reste à découvrir, nous n'en sommes pas plus pauvres, c'est comme un cadeau, un trésor que le monde en bon Pirate a bien pris soin de cacher.

Alors cherchons et pensons à pleines pelles, et mettons en lumière les secrets du monde, et faisons reculer les occultismes.

Voilà.

88. Et si l'obscurité était l'absence et non le contraire de la lumière...

Présentation :

Penser l'absence plutôt que l'inverse et le contraire permet, il me semble, de ne pas s'enliser dans de fausses évidences, de quitter les impératifs catégoriques pour aller vers plus de nuances et de compréhension.

Texte :

Cette personne est bonne vous dites-vous, et celle-ci est mauvaise par bien des aspects. Ainsi donc, toute chose, semble-t-il, aurait son contraire. Il est, sous nos latitudes, courant de penser en termes de dualité, d'opposition nette.

Le livre d'Italo Calvino, « Le Vicomte pourfendu », nous conte l'histoire d'un chevalier tranché dans le sens de la longueur lors d'une bataille. Il resta en vie avec deux moitiés de lui-même, l'une exprimant le bien et l'autre le mal.

Au-delà de la dualité, Italo Calvino nous fait comprendre qu'avoir en nous le bien et le mal mêlés nous permet d'être capables du meilleur, alors que n'être que bien ou que mal nous condamne à l'exercice du pire.

On pourrait citer quelques contraires tel que, oui et non, ou le jour et la nuit, ou encore entrer et sortir, ou la bosse qui est le contraire du creux et vice-versa, etc...

Les contraires sont en opposition mais qu'en est-il des inverses ? On dira pour expliquer simplement que l'inverse, c'est comme le contraire mais avec en plus une symétrie. Par exemple, alors que je tournais à droite, elle tourna à gauche, ou l'avers et l'envers, les côtés d'une pièce de monnaie, et le jour qui est l'inverse de la nuit lorsqu'on les situe géographiquement de chaque côté de notre planète terre.

Mais souvent, par habitude, nous pensons la dualité. Je donne quelques exemples pour être plus clair.

Si vous posez à un ami la question suivante : « quel est le contraire de l'obscurité ? », il y a beaucoup de chances qu'il vous réponde, « eh bien, la lumière, bien sûr ! »

Réponse inexacte car l'obscurité n'est pas le contraire ni l'inverse de la lumière, mais l'absence de lumière, et cela change tout.

De même, le froid n'est pas le contraire ou l'inverse du chaud mais son absence. La paix, et cela me semble évident, est l'absence de guerre.

Le dernier que je vous citerai, c'est le bien qui est l'absence du mal. Pour ce dernier, je dois dire que tous les philosophes ne sont pas d'accord, pour autant cela me semble juste, mais certains considèrent bien et mal comme bon et mauvais. Il me semble que quelque chose peut être ni bon ni mauvais, ce qui est le cas pour une certaine nourriture, tandis qu'entre le bien et le mal cet entre-deux est possiblement non pensable.

Désormais, vous pouvez déterminer au fil d'une conversation le contraire, l'inverse, ou l'absence. Érigé en jeu, cela amuse les enfants ainsi que moi-même !

Voilà.

89. Et si rechercher le bonheur était inutile...

Présentation :

Nous confondons bonheur avec vie heureuse. Prendre les choses pour ce qu'elles ne sont pas, et non pour ce qu'elles sont nous empêche d'accéder à ce souhait que l'on a tous, celui d'être heureux.

Texte :

Le bonheur et la santé sont généralement les deux souhaits que l'on formule pour ceux que l'on aime. Nous savons ce qu'est être en bonne santé, par contre il y a, il me semble, une confusion entre être heureux et le bonheur.

Le mot bonheur est composé des mots bon et heur qui signifie chance. « Connaissez-vous Mr X ? », « non, je n'ai pas l'heur de le connaître ! » Je n'ai pas la chance de le connaître. L'heur est une chance inattendue de l'évènement.

« Connaissez-vous Mr X ? », « non je n'ai pas la chance de l'avoir rencontré ! » Nous confondons bonheur et vie heureuse, le bonheur est ponctuel, de l'ordre de la bonne surprise, de l'imprévu, de l'inattendu, du hasard heureux, tandis que la vie heureuse s'inscrit dans une durée, on pourrait dire : mon bonheur a été de rencontrer cette personne il y a trois ans maintenant, depuis je suis heureux.

Au contraire, le malheur est la mauvaise chance, mauvaise rencontre, la malchance.

Un jour, une participante à l'un de mes ateliers me proposa le sujet suivant : « Pour trouver le bonheur, faut-il le rechercher ? » L'illogisme de cette question ne lui échappait pas. Le bonheur ne se recherche pas, c'est d'ailleurs, il me semble, le meilleur moyen pour ne pas l'obtenir. Le bonheur s'abat sur nous sans crier gare, le bonheur a la désinvolture, l'impudence de ne pas nous prévenir, il nous surprend sans ménagements, mais c'est toujours pour la bonne cause, alors on ne fait pas cas de ses manières cavalières.

Le malheur agit de même, mais lui, on s'en passerait bien.

Prenons un exemple : Mr X lors d'une promenade rencontra par le plus grand des hasards un ami d'enfance. Cet ami lui fit l'amitié d'accepter de déjeuner avec lui, ce fut une grande joie pour Mr X. Ils eurent beaucoup de plaisir à parler ensemble des années passées.

La vie de Mr X est jonchée de petits et grands bonheurs, il est chanceux, sa vie est vraiment heureuse.

Nous pouvons distinguer trois sensations, le bonheur comme un évènement chanceux et inattendu, la joie qui est une émotion positive, le plaisir qui est de l'ordre de la sensualité. Lorsque l'on a tout cela, notre vie ne peut qu'être heureuse. Cependant, il me semble qu'une vie sans bonheur peut être tout aussi heureuse, pour être heureux, la joie et le plaisir suffisent.

Mais s'il est inutile de courir après le bonheur, ne soyons pas farouche et sachons quand il apparaît l'accueillir, saisissons notre chance, sinon elle ne fera que passer.

Voilà.

Table des matières

Liste des mots clés